CONTROLADORIA ESTRATÉGICA
E SEUS DESDOBRAMENTOS
COMPORTAMENTAIS

O GEN | Grupo Editorial Nacional, a maior plataforma editorial no segmento CTP (científico, técnico e profissional), publica nas áreas de saúde, ciências exatas, jurídicas, sociais aplicadas, humanas e de concursos, além de prover serviços direcionados a educação, capacitação médica continuada e preparação para concursos. Conheça nosso catálogo, composto por mais de cinco mil obras e três mil e-books, em www.grupogen.com.br.

As editoras que integram o GEN, respeitadas no mercado editorial, construíram catálogos inigualáveis, com obras decisivas na formação acadêmica e no aperfeiçoamento de várias gerações de profissionais e de estudantes de Administração, Direito, Engenharia, Enfermagem, Fisioterapia, Medicina, Odontologia, Educação Física e muitas outras ciências, tendo se tornado sinônimo de seriedade e respeito.

Nossa missão é prover o melhor conteúdo científico e distribuí-lo de maneira flexível e conveniente, a preços justos, gerando benefícios e servindo a autores, docentes, livreiros, funcionários, colaboradores e acionistas.

Nosso comportamento ético incondicional e nossa responsabilidade social e ambiental são reforçados pela natureza educacional de nossa atividade, sem comprometer o crescimento contínuo e a rentabilidade do grupo.

**VERA BERMUDO
ROBERTO VERTAMATTI**

CONTROLADORIA ESTRATÉGICA E SEUS DESDOBRAMENTOS COMPORTAMENTAIS

A SOX COMO APOIO À GERAÇÃO DE VALOR ORGANIZACIONAL

© 2015 by Editora Atlas S.A.
Uma editora integrante do GEN | Grupo Editorial Nacional

Capa: Zenário A. de Oliveira
Composição: CriFer – Serviços em Textos

Dados Internacionais de Catalogação na Publicação (CIP)
(Câmara Brasileira do Livro, SP, Brasil)

Bermudo, Vera
 Controladoria estratégica e seus desdobramentos comportamentais : a SOX como apoio à geração de valor organizacional / Vera Bermudo, Roberto Vertamatti. - - São Paulo: Atlas, 2016.

Bibliografia.
ISBN 978-85-97-00250-8

1. Controladoria 2. Governança corporativa 3. Planejamento estratégico I. Vertamatti, Roberto. II. Título.

15-07415
CDD-658.151

Índice para catálogo sistemático:

1. Controladoria estratégica : Controle financeiro : Administração   658.151

TODOS OS DIREITOS RESERVADOS – É proibida a reprodução total ou parcial, de qualquer forma ou por qualquer meio. A violação dos direitos de autor (Lei nº 9.610/98) é crime estabelecido pelo artigo 184 do Código Penal.

Depósito legal na Biblioteca Nacional conforme Lei nº 10.994, de 14 de dezembro de 2004.

Impresso no Brasil/*Printed in Brazil*

Editora Atlas S.A.
Rua Conselheiro Nébias, 1384
Campos Elísios
01203 904 São Paulo SP
011 3357 9144
grupogen.com.br

"A todos os que passaram, estão e passarão na estrada de nossas vidas... nosso mais humilde agradecimento.

Nossa família, amigos, colegas de trabalho e alunos são verdadeiros presentes de Deus, e uma constante fonte de alegria, suporte e inspiração em nossa existência, sem os quais não seríamos um terço de quem somos e, com certeza, esta obra não existiria."

Os Autores

SUMÁRIO

Lista de Figuras, ix
Lista de Tabelas, xi
Lista de Abreviações e Siglas, xiii
Apresentação, xv
Prefácio, xvii

Introdução, 1

01 Fraude, Governança Corporativa e o Perfil do Fraudador, 5
    1.1 Conceituação de fraude e uma visão histórica, 5
    1.2 Definindo Governança Corporativa, 10
    1.3 O perfil do fraudador, 13
    Atividades, 17

02 Os Fundamentos da Controladoria, 18
    2.1 Os primórdios e o cenário atual, 18
    2.2 Controles internos, 29
    2.3 COSO, 39
    Atividades, 51

03 A SOX como Ferramenta de Apoio à Geração de Valor Organizacional, 53
    3.1 A bolsa de valores americana, 53
    3.2 Enron: ascensão, a verdade e a queda, 61
    3.3 A Lei Sarbanes-Oxley, 66
    Atividades, 77

04 Padrão de Governança Corporativa, 79
    4.1   General Electric – EUA, 79
            4.1.1   História, 79
            4.1.2   Reconhecimentos, 88
            4.1.3   Governança, 89
            4.1.4   SOX Seção 302 – Certificação pessoal do CEO e CFO, 92
            4.1.5   SOX Seção 404 – Certificação sobre os Controles Internos, 95
            4.1.6   O processo da GE para garantir a Certificação SOX 404, 98
            4.1.7   SOX Seção 406 – O Código de Ética da GE, 102
    Atividades, 106

05 Impactos da Governança Corporativa, 107
    5.1   No comportamento organizacional, 107
    5.2   Na percepção de valor por acionistas e demais partes interessadas, 109
    Atividades, 116

Considerações Finais, 117

Referências, 121

LISTA DE TABELAS

Tabela 1 – Lista das 10 maiores companhias americanas, 10

Tabela 2 – Anúncios por ano, 20

Tabela 3 – Funções da Controladoria em trabalhos empíricos dos EUA, Alemanha e Brasil, 22

Tabela 4 – As 20 maiores empresas da BOVESPA, 34

Tabela 5 – Maiores bolsas de valores mundiais, 54

Tabela 6 – Os Capítulos da SOX, 69

Tabela 7 – GE – demonstração do resultado consolidado, 88

LISTA DE ABREVIAÇÕES E SIGLAS

ACC – Australian Criteria of Control

BOVESPA – Bolsa de Valores do Estado de São Paulo

CAPEX – *Capital Expenditures*

CoCo – *Criteria of Control Committee of Canadian Institute of Chartered Accountants*

CEO – *Chief Executive Officer*

CFO – *Chief Financial Officer*

COSO – *Committee of Sponsoring Organizations of the Treadway Commission*

CVM – Comissão de Valores Mobiliários

DJIA – *Dow Jones Industrial Average*

GE – *General Electric*

IBGC – Instituto Brasileiro de Governança Corporativa

ILL – Índice de Lucratividade Líquida

NCFFR – *National Commission on Fraudulent Financial Reporting*

OCPH – *Overhaul Cost Per Hour*

SEC – *Securities and Exchange Commission*

SOX – *Sarbanes-Oxley* (a Lei)

TIR – Taxa Interna de Retorno

VPL – Valor Presente Líquido

APRESENTAÇÃO

O mercado acionário representa uma fonte vital de capital para financiamento das organizações listadas nas bolsas de valores, logo, as companhias que têm a pretensão de ter seus nomes suscetíveis à captação dessa natureza necessitam cumprir vários requerimentos, dentre eles os emanados de leis e dos investidores, que almejam segurança quanto ao retorno pretendido.

Em 2015, a Lei Sarbanes-Oxley (a SOX, como é conhecida) completa 13 anos desde a sua publicação, em julho de 2002, e, criada pelo Senador Paul Sarbanes e pelo Deputado Michael Oxley, ela nascia para estabelecer novos mecanismos para assegurar às partes interessadas o acesso à informação adequada, assim como punições rigorosas para casos de fraude, no intuito de enfatizar a importância, agora prevista em lei, de elevados padrões éticos.

Os autores, ao idealizarem esta obra, buscavam compreender se a implantação da SOX realmente impeliu mudanças comportamentais que fomentaram um maior nível de controle nas organizações, atingindo sua cultura e apoiando na geração de valor.

Para isso, estudaram o que é fraude, Governança Corporativa, o perfil do fraudador, os fundamentos da Controladoria, o que são controles internos, a colaboração do COSO, a relevância da Bolsa de Valores, os princípios da SOX, as razões da ascensão e queda da Enron, um caso de sucesso de Governança Corporativa, a General Electric, e elaboraram uma análise sobre os impactos da Governança Corporativa no comportamento organizacional e na percepção de valor.

Os estudos elaborados, embasados por extensa pesquisa bibliográfica e documental, responderam bem à pergunta inicial dos autores, confirmando que a SOX trouxe mudanças na conduta organizacional, estimulando o desenvolvimento da Controladoria Estratégica, atingindo a cultura das companhias e enfatizando a percepção, por parte do mercado, de que uma boa Governança Corporativa se traduz em segurança nos seus investimentos, colaborando no aumento de competitividade das empresas e na obtenção de capital, elementos fundamentais na geração de valor.

Os Autores

PREFÁCIO

A administração empresarial brasileira passa por constantes mudanças e enfrenta diversos desafios decorrentes de alterações significativas no ambiente econômico influenciadas por eventos econômicos e políticos ocorridos nos cenários nacional e internacional.

A Controladoria Tradicional tem por objetivo analisar os eventos ocorridos e fornecer aos gestores relatórios gerenciais contendo informações sobre o desempenho passado que lhes permitam entender a posição patrimonial e financeira da empresa e possibilitem tomar decisões que afetarão as operações futuras.

Entretanto, para agregar valor à gestão empresarial, a Controladoria, além de auxiliar os gestores a entender o passado e o presente, deve contribuir na formulação de estratégias que permitam atingir os objetivos estabelecidos e implantar controles que transcendam as áreas operacionais e atinjam aspectos relacionados à Governança Corporativa.

Nesta obra, Vera Bermudo e Roberto Vertamatti utilizam a experiência adquirida ao longo das carreiras profissionais e acadêmicas para apresentar aos profissionais responsáveis pela Gestão Empresarial e pela Controladoria um histórico do desenvolvimento da Governança Corporativa nos cenários nacional e internacional enfatizando a importância dos controles no nível da alta administração e sua influência na geração de valor e sustentabilidade das organizações empresariais.

Esta obra será de elevada importância para estudantes de cursos de graduação e pós-graduação, especialmente os de MBA, pois auxilia na formação de gestores e profissionais das áreas de Contabilidade e Controladoria conscientes da importância da Governança Corporativa no processo de definição de objetivos e formulação de estratégias que permitam seu alcance com respeito ao meio ambiente, à legislação vigente e aos princípios de ética e moral que devem basear as relações empresariais.

Com satisfação e segurança apresento e recomendo esta obra para todos os profissionais, estudantes e professores das áreas de Gestão Empresarial, Contabilidade e Controladoria comprometidos com boas práticas de Governança Corporativa e interessados em desenvolver suas atividades contribuindo para que as empresas atinjam seus objetivos de geração de valor satisfazendo as expectativas em distintas formas, não apenas financeira, mas também humana, intelectual, social e natural, mas sem desvios de conduta e respeitando os valores estabelecidos pelos fornecedores de capital.

Parabéns, Vera Bermudo e Roberto Vertamatti, por esta importante contribuição ao desenvolvimento das áreas acadêmica e profissional relacionadas à Controladoria Estratégica.

José Hernandez Perez Junior

INTRODUÇÃO

O mercado acionário representa uma fonte vital de capital para financiamento e crescimento das organizações listadas nas bolsas de valores, onde as 13 maiores, de acordo com a Revista *Exame* Eletrônica (2012), perfazem mais de US$ 41 trilhões, ou o equivalente a 55% de todo o PIB[1] (cerca de US$ 75 trilhões), de acordo com o Banco Mundial (2012).

Logo, as companhias que têm a pretensão de abrir seu capital ou de manter seus nomes suscetíveis à captação de investimentos dessa natureza necessitam cumprir vários requerimentos demandados não só por leis, mas também pelas expectativas dos investidores que envolvem não só fatores tangíveis, tais como bons resultados já auferidos e perspectivas de retorno futuro, como também fatores intangíveis, como, por exemplo, a percepção de segurança de que o dinheiro investido será gerenciado por pessoas idôneas, agindo no sentido de cumprir com as expectativas dos acionistas.

O tema "fraude" é um velho conhecido, e o primeiro caso corporativo, de acordo com Kari Nars (2009), data de 1711, quando a empresa South Sea Company captou milhões de dólares com vendas de ações, prometendo altos dividendos, mas sem qualquer respaldo que sustentasse suas operações, vindo a falir posteriormente, levando vários investidores à miséria.

Porém, em 2001, houve um grande "tsunami financeiro", em que várias fraudes e manipulações contábeis foram constatadas, gerando a maior crise de

---

[1] PIB (Produto Interno Bruto): soma, em valores monetários, dos bens e serviços produzidos em uma determinada região, medindo, assim, sua atividade econômica.

confiança pela qual o mercado acionário americano já havia passado, alcançando dimensões internacionais, dada a globalização corrente.

A gigante Enron figurava como uma das 10 maiores empresas americanas em 2001, com receita líquida de US$ 101 bilhões e valor de mercado de US$ 65 bilhões, e no mesmo ano pediu a proteção da Lei de Falência pelas quedas consecutivas em suas ações, fruto das fraudes descobertas, assim como proibiu seus funcionários de vender ações ligadas aos seus planos de aposentadoria.

Assistimos, junto com a queda da Enron, ao desaparecimento de uma das maiores empresas de auditoria do mundo, a Arthur Andersen, que sucumbiu por acobertar os esquemas fraudulentos da Enron, em um círculo vicioso onde atuava como consultora, auditora e "auxiliar" no desaparecimento de evidências que pudessem expor, criminalmente, sua cliente e a si própria.

Dado esse cenário de desconfiança generalizado onde se observava uma fuga massiva do mercado de capitais que minguava as fontes de manutenção e crescimento das companhias abertas, o Governo americano se viu obrigado a responder à altura de forma a reinstaurar a credibilidade perdida e o apetite dos investidores para retornarem às bolsas.

A forma encontrada foi a promulgação, em julho de 2002, da Lei Sarbanes-Oxley, criada pelo Senador Paul Sarbanes e o Deputado Michael Oxley, que estabeleceu novos mecanismos para assegurar às partes interessadas o acesso à informação adequada, assim como punições rigorosas para casos de fraude, no intuito de enfatizar a importância, agora prevista em lei, de elevados padrões éticos.

A Lei SOX, como ficou apelidada a Sarbanes-Oxley, criou um marco e instaurou uma preocupação coletiva com a Governança Corporativa que tem por fim alinhar interesses de acionistas, Conselho, Diretoria e órgãos de controle para preservar e elevar o valor da organização, facilitando seu acesso a recursos financeiros e contribuindo para sua longevidade.

Esta obra estuda a fraude, a Governança Corporativa, os fundamentos da Controladoria e a implantação da Lei SOX, buscando responder à seguinte pergunta: A SOX impeliu mudanças comportamentais que fomentaram um maior nível de controle nas organizações, atingindo sua cultura e apoiando na geração de valor?

Em virtude da crise de confiança registrada em 2001 e com as bolsas de valores sangrando com a perda de dólares, dado o pânico dos investidores, desenvolver mecanismos que recuperassem a credibilidade passava a ser indispensável para a sobrevivência do mercado acionário e, consequentemente, das companhias listadas.

O objetivo geral deste livro é verificar o efeito da implementação da SOX no comportamento organizacional na busca da melhoria dos controles internos das organizações, o impacto na sua cultura e qual a contribuição na geração de valor empresarial.

Para atingir esse objetivo principal, temos alguns objetivos específicos com esta pesquisa:

1. Compreender o que é fraude, o que vem a ser Governança Corporativa e entender o perfil do fraudador.

2. Abordar os fundamentos da Controladoria, desde os primórdios ao cenário atual, estudar o que são Controles Internos e a colaboração do COSO, fazendo uma revisão de literatura e aplicações a exemplos práticos.

3. Compreender a relevância da Bolsa de Valores Americana, fazer uma revisão de literatura sobre os princípios da Lei Sarbanes-Oxley e apresentar as razões da ascensão e queda da Enron.

4. Estudar e apresentar um caso de sucesso em termos de Governança Corporativa, a General Electric, objetivando entender sua história e os fatores que a levaram a ser uma das empresas mundialmente reconhecidas pelos seus padrões éticos e de Controladoria Estratégica.

5. Elaborar uma análise sobre os impactos da Governança Corporativa no comportamento organizacional e na percepção de valor por acionistas e demais partes interessadas.

A justificativa para fazer este estudo baseia-se nos prejuízos financeiros e de reputação causados pelas crises de confiabilidade relacionadas ao baixo nível de Governança Corporativa de companhias abertas, com consequente deterioração da cultura e da perpetuidade organizacional.

A metodologia de pesquisa utilizada, com relação aos fins, foi desenvolvida de forma aplicada pelo fato de o estudo objetivar resolver um problema concreto e de aplicação imediata. No que diz respeito aos meios, a pesquisa foi considerada bibliográfica e documental e está fundamentada, na sua fonte primária, em livros, artigos científicos e teses, para fazer uma revisão bibliográfica sobre os fundamentos e relevância da Controladoria e da Governança Corporativa, assim como os desdobramentos culturais e impactos corporativos com a implantação da Lei SOX.

Também foram acessados periódicos (principalmente para auxiliar na exemplificação de casos práticos) e informações extraídas de *sites* reconhecidos, como do IBGC, Banco Mundial e COSO.

Esta obra abordará no primeiro capítulo a conceituação de fraude, com um pano de fundo histórico, a definição do que é Governança Corporativa e qual o perfil do fraudador, objetivando compreender quais os estímulos de um infrator.

O segundo capítulo se concentrará nos fundamentos e no papel da Controladoria Estratégica, exemplificando com casos práticos, incluindo o recente episódio brasileiro vivenciado pela OGX.

Entenderemos, no terceiro capítulo, a importância da Bolsa de Valores americana e como a Enron, um caso de fraude de proporções inimagináveis, trouxe à baila a necessidade de uma resposta baseada em preceitos legais, a Lei Sarbanes-Oxley.

O quarto capítulo é dedicado a estudar um padrão de Governança Corporativa de sucesso, a reconhecida e respeitada General Electric.

Por fim, no quinto capítulo abordaremos os impactos da Governança Corporativa no comportamento organizacional e na percepção de valor por acionistas e demais partes interessadas a fim de demonstrar que a Controladoria Estratégica é o pilar de uma boa Governança Corporativa e que esta se traduz em uma importante ferramenta de aumento de competitividade e valor para as organizações.

"A coisa intrigante sobre a fraude é que ela está sempre se transformando, como um tipo de gripe; você pode curar a cepa de hoje, mas no próximo ano ela evolui para algo tão ruim, se não pior."

Phil Ostwalt

Coordenador Global de Investigações do Departamento de Práticas Forenses

KPMG (2013)

01

FRAUDE, GOVERNANÇA CORPORATIVA E O PERFIL DO FRAUDADOR

1.1 Conceituação de fraude e uma visão histórica

As fraudes, sejam elas pessoais ou corporativas, não são um mal moderno, mas o refinamento e as proporções que tomaram ao longo dos anos têm um caráter contundente na sociedade, seja por afetar a perpetuidade das empresas, a credibilidade de investidores no mercado de capitais, e até mesmo a salubridade econômica de um país.

Em artigo científico publicado por Nilton Cano Martin, Lílian Regina dos Santos e José Maria Dias Filho (2004, p. 12):

> "Fraudes e omissões (são também riscos de propriedade e riscos comportamentais): São riscos inerentes aos processos que se originam em deliberadas falsificações, atividades ilegais (ou não recomendáveis eticamente), bem como em distorções de informações feitas por empregados, fornecedores, clientes, administradores, etc., em nome da empresa ou contra ela.
>
> Exemplos desses riscos são desvios de dinheiro através de compras falsificadas, recebimento de propinas, esquemas de preços deturpados, participações em concorrências públicas manipuladas, retenção de informações vitais, preparação defeituosa de relatórios, etc."

Em seu livro sobre Golpes Bilionários, Kari Nars (2009) cita que o primeiro esquema intencionalmente criado com viés fraudulento e registrado foi o da empresa South Sea Company, fundada em 1711, em Londres – Inglaterra, com o objetivo de explorar o comércio entre Inglaterra e colônias espanholas na América do Sul.

Seu cofundador e Presidente, John Blunt, originalmente um escrivão de profissão, captou milhões de libras com a venda de ações da companhia (inclusive do Rei George I e seus ministros, Sir Isaac Newton – então diretor da Casa da Moeda Britânica, e membros da Igreja Anglicana), prometendo aos investidores grandes somas de dividendos.

Contudo, em 1720, alguns investidores, incluindo o próprio Blunt, percebendo que a empresa mercante não possuía ativos que respaldassem suas promessas e apresentava baixo faturamento, resolveram vender suas ações.

Nesse momento, os preços estavam elevadíssimos (inflados de maneira fraudulenta) e eles realizaram seus investimentos enriquecendo, ao mesmo tempo que criavam uma grave crise de confiança que fez com que as ações despencassem, levando a companhia à falência poucos meses depois.

Esse episódio foi a causa de uma tragédia financeira e humana onde milhares de investidores foram levados à miséria e centenas se suicidaram.

Figura 1 – John Blunt
Cofundador e Presidente da *South Sea Company*

Duzentos anos mais tarde, em 1920, a história conhece Carlos Ponzi, imigrante ítalo-americano que foi o pioneiro nos casos de pirâmide financeira.

Ponzi havia sido preso anteriormente por delitos de pequeno porte, como, por exemplo, no Canadá, pela falsificação de cheques, e nos EUA, por ajudar imigrantes italianos a entrarem ilegalmente no país. Após sua libertação, ele fundou, em Boston – EUA, a empresa Securities Exchange Company (cujo acrônimo "SEC" curiosamente remete ao mesmo da Comissão de Valores Mobiliários americana: "SEC – Securities and Exchange Commission", fundada em 1933).

Envolvente, simpático e com vocabulário que lhe permitia circular em diversas camadas da sociedade, desde os mais humildes aos mais abastados, Ponzi criou um esquema simples na aparência para atrair os investidores menos sofisticados e complexo o suficiente para atrair os mais experientes financeiramente.

De maneira sumarizada, o discurso de Ponzi estava estruturado em lucrar com os cartões-resposta internacionais, que eram enviados por um remetente no exterior, que solicitava uma resposta de um destinatário em outro país, onde os custos já estavam pré-pagos pelo remetente, pois este já havia comprado, a custos locais, o valor do selo do país destinatário. Assim, o destinatário, ao receber o cupom, o trocava por um selo local e postava a resposta sem que lhe fosse impelido qualquer tipo de custo.

Dessa forma, a intenção de Ponzi era ganhar dinheiro em uma espécie de "arbitragem financeira".

Figura 2 – Carlos Ponzi
Fundador da *Securities Exchange Company*

O negócio funcionaria da seguinte forma: agentes locais na Itália comprariam "cartões-resposta internacionais", a preços baixos, e os remeteriam aos EUA, os quais seriam trocados por selos de maior valor e posteriormente vendidos, lucrando-se na diferença de preços entre os dois mercados.

O discurso convenceu e, em poucos meses, a empresa de Ponzi atraiu investimentos de mais de US$ 100 milhões a valores atuais. Contudo, na prática, a arbitragem pretendida nunca saiu do papel, e a empresa de Ponzi não possuía qualquer renda a não ser a entrada contínua de dinheiro oriunda dos crédulos investidores.

Essa operação funcionaria bem desde que o fluxo de dinheiro continuasse e os dividendos de um investidor seriam pagos com os investimentos dos próximos dois, e os dividendos dos próximos dois seriam pagos pelos investimentos dos próximos quatro, e assim sucessivamente, originando o termo "pirâmide financeira", que mostra-se insustentável ao longo do tempo.

Figura 3 – Como construir pirâmides

COMO CONSTRUIR PIRÂMIDES

O passo a passo dos fraudadores para tirar o seu dinheiro

- Planejar a fraude e desenvolver o discurso infalível de vendas
- Contratar os vendedores, que vão prometer lucros de 15% a 400% ao ano
- Pagar, religiosamente, os ganhos aos primeiros investidores
- Espalhar rumores sobre o sucesso financeiro de quem ganhou
- Preparar-se para a diminuição dos lucros e os primeiros saques
- Fugir, antes que os investidores percam parte do que aplicaram ou tudo

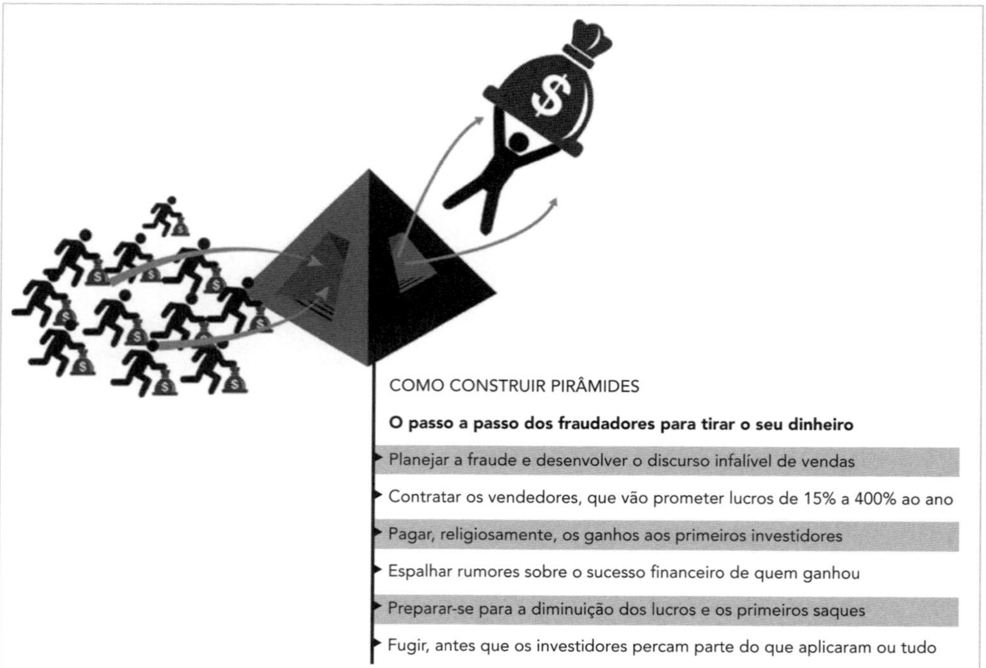

Fonte: NARS (2009).[1]

---

[1] Extraído do *site* da Revista *Isto É Dinheiro*, Os artistas da fraude (2012).

A história se repete e alguns investidores, desconfiados, começam a retirar seus investimentos, surgem questionamentos sobre o estilo de vida ostensivo levado por Ponzi e jornais anunciavam que ele próprio jamais investiu um dólar em sua própria companhia, apesar de alardear sobre os fantásticos lucros auferidos.

O ápice do episódio deu-se com as devastadoras notícias de que o Serviço Postal Americano confirmou que não haviam sido comprados cartões-resposta internacionais nem na Itália nem nos EUA que lastreassem toda a operação de Ponzi, bem como foram publicados em jornal os crimes cometidos por Ponzi, com uma foto sua de quando fora fichado pela polícia canadense.

No mesmo ano da sua fundação, a "SEC" de Ponzi é fechada, e com ela os investimentos e expectativas de milhares de pessoas viraram pó.

Cerca de 80 anos depois, em 2001, observamos um ano marcado por vários acontecimentos de amplitude global.

Do ponto de vista social, os EUA se deparam com o ataque terrorista às Torres Gêmeas, o World Trade Center, no coração econômico do país, em Nova Iorque, onde milhões de pessoas assistiram, incrédulas e chocadas, às imagens de horror e dor que pareciam terem sido retratadas pelos mais sombrios pesadelos que uma nação ousaria imaginar.

No âmbito financeiro, os EUA enfrentam outro choque, este agora proveniente de graves escândalos contábeis, envolvendo empresas mundialmente conceituadas como WorldCom e Enron, provocando uma contundente e profunda crise de confiabilidade no mercado de capitais, não só americano, como global.

Em artigo publicado por Luciana de Almeida Araújo Santos e Sirlei Lemes (2007), as autoras ressaltam que de acordo com o IBGC – Instituto Brasileiro de Governança Corporativa (2004), a fraude com relação à WorldCom ocorreu com a manipulação de resultados, onde foram contabilizados como investimentos US$ 3,8 bilhões, que na realidade eram despesas, transformando, dessa forma, prejuízo em lucro.

No caso da Enron, a empresa pediu concordata em dezembro de 2001, depois de ser denunciada por fraudes contábeis e fiscais, e com uma dívida de US$ 13 bilhões.

Ressalta-se que a Enron foi fundada em 1930 e foi considerada pela *Fortune 500* (2001) a 7ª maior empresa dos EUA, com receita líquida de aproximadamente US$ 101 bilhões.

Tabela 1 – Lista das 10 maiores companhias americanas

Posição	Companhia	Receita Líq. (US$ MM)
1	Exxon Mobil	210.392,0
2	Wal-Mart Stores	193.295,0
3	General Motors	184.632,0
4	Ford Motor	180.598,0
5	General Electric	129.853,0
6	Citigroup	111.826,0
7	**Enron**	**100.789,0**
8	Intl. Business Machines	88.396,0
9	AT&T	65.981,0
10	Verizon Communications	64.707,0

Fonte: Fortune 500 (2001).

Mark Miranda de Mendonça et al., em artigo (2010), destacam que o IBGC (2004) ressaltou como causas da falência da Enron a falta de transparência, a criação de várias sociedades de propósito específico, as denominadas SPEs, que são entidades não controladas (diretamente pela *holding*), além de a empresa abrigar passivos que não eram refletidos nas demonstrações financeiras da Enron. Os lucros foram superestimados em US$ 600 milhões e dívidas de US$ 650 milhões desapareceram.

A empresa Arthur Andersen era a responsável pela auditoria independente da Enron, e sua conivência com as fraudes foi posteriormente comprovada, o que lhe causou o encerramento das atividades junto com sua cliente.

1.2 Definindo Governança Corporativa

Antes de entrarmos na seara do que significa e os benefícios da boa Governança Corporativa, precisamos compreender a existência de um fator relevante chamado "problema de agência".

Ricardo Luiz Menezes da Silva et al. (2014, p. 5), em artigo, citam Jensen e Mecklin (1976 e 1994):

> "A relação de agência é definida como um contrato pelo qual uma ou mais pessoas – o principal – engajam outra pessoa – o agente – para desempenhar alguma tarefa em seu favor, envolvendo a delegação de poder para tomada de decisão pelo agente. Se ambas as partes procurarem maximizar suas utilidades, pode-se acreditar que o agente não agirá nos melhores interesses do principal, e que o agente tomará decisões que podem expropriar a riqueza do principal. Além disso, as causas do conflito de agência foram definidas por Jensen e Meckling (1994), cuja hipótese estudada é a de que a natureza humana, utilitarista e racional, leva as pessoas a maximizarem uma função utilidade de preferências. Essa hipótese está fundamentada no fato de que o indivíduo tende a ser menos eficaz no cumprimento de objetivos de terceiros do que no cumprimento dos seus."

Logo, o "problema de agência" advém do fato que os acionistas controladores exercem forte influência sobre os gestores e possuem direito a voto nas assembleias, através de suas ações ordinárias, e dessa forma podem causar riscos aos investimentos feitos pelos acionistas não controladores, que por terem ações preferenciais têm a prioridade no recebimento de dividendos, mas não possuem direito a voto e, consequentemente, têm menor ingerência nas decisões corporativas e consequentemente maior risco no retorno sobre seu investimento.

Dito isso, boas práticas de Governança Corporativa buscam alinhar interesses de acionistas controladores, não controladores e gestores, garantindo proteção contra a expropriação de recursos pelos entes que gerenciam a companhia (controladores e gestores).

Podemos citar vários benefícios de uma boa prática de Governança Corporativa, mas, em última instância, ela busca a redução de assimetria de informações e do conflito de agência, cujas consequências positivas esperadas seriam mais investidores dispostos a investir dado o maior grau de confiabilidade, o que impactaria em uma ampliação de acesso a recursos financeiros a custos mais competitivos, colaborando para um ciclo virtuoso de investimentos destinado ao crescimento e longevidade da empresa.

O IBGC, ao publicar o Código de Melhores Práticas de Governança Corporativa (2009, p. 19), menciona:

> "A Governança Corporativa é o sistema pelo qual as organizações são dirigidas, monitoradas e incentivadas, envolvendo os relacionamentos entre proprietários, Conselho de Administração, Diretoria e órgãos de controle. As boas práticas de Governança Corporativa convertem princípios em recomendações objetivas, alinhando interesses com a finalidade de preservar e otimizar o valor da organização, facilitando seu acesso a recursos e contribuindo para sua longevidade."

Dessa forma, Transparência, Equidade, Prestação de Contas e Responsabilidade Corporativa são, segundo o IBGC, os princípios básicos da boa Governança Corporativa.

Figura 4 – Os princípios básicos da boa Governança Corporativa

TRANSPARÊNCIA	EQUIDADE	PRESTAÇÃO DE CONTAS	RESPONSABILIDADE CORPORATIVA
Ampla informação aos interessados de fatores tangíveis e intangíveis, para nortear o processo decisório	Tratamento justo às partes interessadas	Responsabilidade por atos e omissões	Zelo com a longevidade das organizações

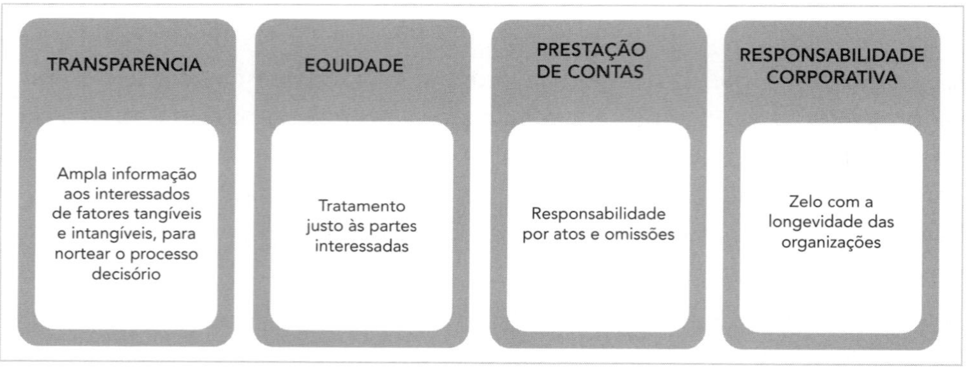

Fonte: Criada a partir da publicação do IBGC (2009).

Um ambiente de baixa envergadura em termos de Governança Corporativa pode resultar em uso de informações privilegiadas, manipulação de resultados, fraudes expressivas, conflitos de interesse e lesões financeiras aos diversos interessados na companhia, desde investidores a governo, credores e a própria sociedade.

As fragilidades apontadas com os escândalos contábeis de 2001 trouxeram à tona uma demanda por uma Governança Corporativa mais punjante a fim de dar uma resposta aos diversos participantes do mercado no sentido de recuperar a credibilidade perdida e estancar a fuga de capitais que assolava as empresas do ponto de vista de escassez de investimentos, o que comprometia sua saúde financeira e continuidade operacional.

1.3 O perfil do fraudador

Em recente estudo publicado pela KPMG (2013) sobre o perfil do fraudador, acompanhamos uma análise realizada com uma base de dados de 596 fraudadores investigados durante o período de 2011 a 2013.

Como pano de fundo, a KPMG demonstra que a fraude pode ser representada por um triângulo, desenvolvido nos anos 1950 por investigadores de atos fraudulentos, sendo este composto dos três elementos a seguir, e que os fraudadores praticam seus crimes à medida que esses quesitos encontram-se presentes de forma simultânea:

- oportunidade;
- motivação;
- racionalização.

Figura 5 – O triângulo da fraude

Fonte: KPMG International (2013).

A lógica, por trás dessa representação gráfica, é a de que os fraudadores percebem uma "porta aberta", ou seja, uma oportunidade, e a motivação e a racionalização são os impulsionadores para que eles atravessem essa porta na busca da realização dos seus objetivos.

Dentro do elemento "oportunidade", a KPMG destaca a "capacidade" de cometer a fraude, como um atributo vital para que o fraudador sinta-se à vontade para cometer o delito, e isso obviamente está atrelado à senioridade desse profissional em termos de conhecimento técnico e posição hierárquica que ocupa.

Ou seja, quanto mais sênior o empregado, mais capacitado ele se sentiria para contornar os controles existentes.

Com relação à motivação, como demonstrado nos seriados policiais, todo crime requer uma, e tratando-se de fraude, a esmagadora razão é financeira (57%), e por diversas vertentes, variando de pura cobiça a diculdades pessoais.

A racionalização é um atributo bastante pessoal e são 4 as causas mais representativas observadas na população investigada na prática das fraudes cometidas: 17% disseram que cometeram os crimes por serem mal remunerados, 14%, que fraudaram por raiva, 13%, por se sentirem subestimados, e 7%, porque tinham algum tipo de medo.

A KPMG, através deste estudo, desenhou um perfil genérico dos 2 tipos existentes de fraudador, sendo eles o oportunista e o predador.

O oportunista, com base nos dados auferidos, é um fraudador primário, homem e de meia-idade, casado e com filhos, bem visto pelos colegas, ocupando uma boa posição na empresa, bom cidadão, que possui um problema pessoal geralmente solucionável com dinheiro e que, quando é descoberto, causa espanto por tal comportamento ilícito, dado o seu perfil.

O segundo tipo de fraudador é o predador, que começou como um oportunista no passado, mas ganhou "experiência" ao longo do tempo e aprimorou seu esquema fraudulento, sendo melhor preparado, inclusive, para burlar auditores e mecanismos de supervisão e controle. Geralmente, esse tipo de fraudador já ingressa na empresa com a intenção de lesioná-la desde o primeiro momento.

Em linhas gerais, a KPMG define o "típico fraudador" com base na população estudada, como estando entre 36 e 55 anos de idade, que frauda a própria empresa em que trabalha, geralmente ocupa uma posição executiva (Gerente Geral/Presidente) ou de alta gerência nas áreas de finanças, operações ou vendas/marketing, trabalha na empresa há mais de 6 anos e age em conjunto com outros colaboradores da companhia, o que é chamado de "conluio" em 70% dos casos.

A corrupção, como, por exemplo, o suborno, é uma prática bastante comum, apresentando-se em 29% dos casos de fraudes em conluio, e obviamente o contexto ético e cultural tem papel determinante na incidência desse tipo de fraude, variando de um país para outro.

Um fato bastante curioso é que quando os fraudadores agem individualmente, em 41% dos casos causaram prejuízos de mais de US$ 500 mil, contudo, quando agem em conjunto, esse percentual sobe para 59%.

Os atos ilícitos mais costumeiramente cometidos em casos de fraude, de acordo com a KPMG, são apropriação indébita de ativos (56%), como desfalques e fraudes em contratos/compras, e a segunda causa são receitas ou ativos obtidos por meios ilegais (24%).

Ainda de acordo com a pesquisa da KPMG, 54% das fraudes foram facilitadas por controles internos de baixo calibre e apenas 35% das empresas levam os casos de fraude a uma esfera de litígio civil ou criminal, com receio de que isso possa afetar sua própria imagem, e esse medo leva ao ínfimo valor de 7% de fraudadores à prisão.

A Transparency International, entidade sem fins lucrativos criada em 1993 com sede em Berlim – Alemanha, e estabelecida em mais de 100 países no globo, tem a missão de partilhar um mundo livre de corrupção e publica anualmente um índice demonstrando a percepção de práticas corruptivas.

A leitura do infográfico demonstrado na Figura 6 é a de que quanto maior a pontuação (que pode chegar até 100), menos leniente é o país com práticas corruptivas e, dessa forma, maior poder coercitivo é exercido pelo governo.

O Brasil, conforme podemos observar, figura com apenas 42 pontos, enquanto os EUA têm 73, Singapura, 86, e Dinamarca, o campeão, 91 pontos.

Tratando-se de mercado de capitais, de acordo com Ricardo Luiz Menezes da Silva et al. (2014), citando La Porta et al. (1997), o Brasil é classificado como país de origem legal, *code law*, onde é oferecida baixa proteção aos investidores e, por conseguinte, apresenta um mercado de capitais pouco desenvolvido e sem expectativa de que se desenvolva dentro desse contexto.

Já os EUA pertencem ao sistema da *common law*, que possui um sistema legal efetivo de aplicação de penas onde os órgãos jurisdicionais são ativos e buscam a proteção dos investidores, explicando, dessa forma, o grau de confiabilidade do mercado na aplicação das regras de Governança e no grau de proteção aos investidores.

Figura 6 – O mapa da percepção de corrupção

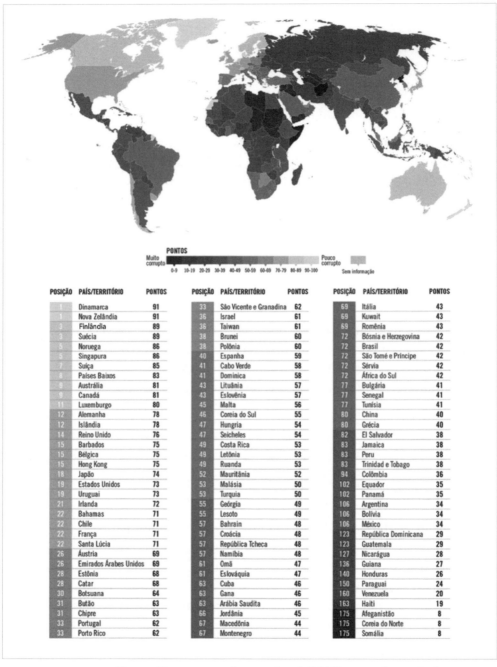

Fonte: Transparency International (2013), com adaptação dos autores.

Atividades

1. O que faz a Dinamarca para gerar a percepção global de ser o país com a menor leniência governamental com práticas corruptivas?

2. Quais os avanços econômicos e sociais obtidos por Singapura com o combate à corrupção?

3. O que leva o Brasil a ser percebido internacionalmente como um país de baixa inibição a entes corruptores e corrompidos?

4. Tomando como base os princípios básicos da boa Governança Corporativa, propostos pelo IBGC (2009), busque uma empresa listada em bolsa e identifique elementos em sua gestão relacionados a esses princípios, comentando os pontos positivos e negativos, conforme o caso.

"O Controller não é o comandante do navio, pois esta tarefa compete ao principal executivo (CEO), mas pode ser comparado ao navegador, que mantém o controle sobre os instrumentos de navegação. Ele deve manter o comandante informado sobre a distância navegada, a velocidade imprimida, resistências encontradas, variações de curso, recifes perigosos à frente e onde os painéis de navegação indicam que o CEO deve encontrar e alcançar o próximo porto em segurança."

Roehl-Anderson e Bragg (1996) apud Lunkes,
Gasparetto e Schnorrenberger (2010)

02

OS FUNDAMENTOS DA CONTROLADORIA

2.1 Os primórdios e o cenário atual

O que é Controladoria?

Uma pergunta aparentemente simples pode levar a um variado leque de respostas que podem divergir em conceitos, concepção e prática.

Isso deve-se ao fato de a Controladoria ser uma disciplina relativamente nova que vem buscando, ao longo dos anos, sua própria identidade e definição quanto ao escopo de sua atuação.

Horváth (2006), apud Rogério João Lunkes, Valdirene Gasparetto e Darci Schnorrenberger (2010), cita que a General Electric Company (GE) foi a primeira empresa que formalmente instituiu a posição de *Controller* em 1892.

Isso foi fruto das mudanças no cenário econômico mundial, aumento de demandas informacionais e maneiras de neutralizar seus efeitos negativos e indentificar vantagens competitivas.

Os pesquisadores José Ricardo Maia de Siqueira e Wagner Soltelinho (2001) realizaram um estudo para localizar indícios do nascimento da profissão de *Controller* no Brasil.

O objetivo era traçar seu perfil ao longo do tempo, e para isso efetuaram buscas no Caderno de Classificados de Domingo do *Jornal do Brasil*, durante os anos de 1960 a 1999, a respeito de profissionais demandados para ocupar posições de *Controllers*, *Assistant Controllers*, Gerentes de Controladoria, *Controllers* Assistentes e designações semelhantes.

Esses estudiosos levantaram fortes indícios de que a demanda por *Controllers* teve incremento nos anos 1960.

Esse aumento foi originado pelo processo de industrialização do Brasil, com forte ênfase na segunda metade da década, devido a um novo processo expansionista, reformas econômicas implementadas no âmbito do mercado de capitais, reforma tributária, reforma bancária e a instituição da correção monetária, entre 1964 e 1966, por Roberto Campos e Octávio Gouveia Bulhões, assim como a retomada dos investimentos diretos estrangeiros, conforme demonstrado na Figura 7.

Figura 7 – Investimento estrangeiro líquido no Brasil (1950-1970)

Fonte: Bacen (fev. 1972), apud Siqueira e Soltelinho (2001), com adaptação dos autores.

Em 1961, os autores notaram dois anúncios, em que um demandava um contador com experiência em custo industrial e na solução de problemas organizacionais e de controle, e outro, para a Lacta, onde o profissional deveria ter experiência em contabilidade e controle.

Em 1962, verificaram três anúncios, sendo um de *Controller* com conhecimento de contabilidade americana, legislação tributária brasileira e tesouraria, um de *Assistant Controller* e um outro que, apesar de demandar um *Controller*, não emitia maiores detalhes, apenas informava que a empresa era de grande porte do setor de siderurgia.

Em 1963, há quatro anúncios, em que um buscava um *Controller* para cobrir as áreas de Custos e Orçamento, dois que buscavam *Assistant Controllers* com experiência em contabilidade, orçamento, impostos e sistemas e outro demandando um *Controller* de Ativo Fixo.

Contudo, é justamente a partir de meados dos anos 1960 que aumenta, de forma considerável, a busca por profissionais de Controladoria, onde, para os pesquisadores, tal fato se deu por três razões básicas:

1. Instalação de empresas estrangeiras no Brasil, com a cultura da utilização da área de Controladoria.

2. Maior penetração de empresas estrangeiras, fomentando a competição, forçando empresas brasileiras a se reestruturarem e a copiarem as práticas administrativas da concorrência internacional, inclusive a adoção da área de Controladoria em suas estruturas organizacionais.

3. Aumento de complexidade, dado o cenário de crescimento econômico, demandando profissionais que garantissem o controle sobre a organização.

Tabela 2 – Anúncios por ano

Ano	Quantidade de Anúncios
1966	8
1967	12
1968	20
1969	11
1980	35
1989	37
1991	9
1992	11
1999	8

Fonte: *Jornal do Brasil*, apud Siqueira e Soltelinho (2001).

A queda no número de anúncios nos anos 1990 é atribuída, segundo os autores, a diversos fatores, tais como a consolidação do profissional de controladoria, levando a uma estabilização no número de vagas, maior uso de *headhunters* ao invés de anúncios de jornais, assim como maior uso de profissionais expatriados.

Dados os múltiplos entendimentos sobre a amplitude das funções de controladoria e a falta de alinhamento entre diversos autores, Rogério João Lunkes, Darci Schnorrenberger, Valdirene Gasparetto e Ernesto R. Vicente (2009), em artigo científico, traçam um comparativo entre as literaturas americana, germânica e brasileira, específicas e com notoriedade.

Os autores concluem que nos três países há um consenso sobre a importância do papel do *Controller* como agente de pensar o futuro da organização (planejamento) e de monitorar e corrigir a rota (controle).

Ainda de acordo com o artigo, e como se pode verificar na Tabela 3, os resultados mostram que as funções mais citadas são:

- elaboração e interpretação de relatórios, com 86%;
- planejamento, com 79%;
- controle, com 71%;
- contabilidade, com 57%.

Esse desfecho corrobora para evidenciar que a controladoria, na prática, tem atuado em atividades estratégicas nas organizações com um enfoque voltado ao futuro, contudo, sem perder suas funções informativas, que ainda estão muito presentes na prática do *Controller*.

Tabela 3 – Funções da Controladoria em trabalhos empíricos dos EUA, Alemanha e Brasil

País / Pesquisas / Funções	Voorhies (1944)	Simon, Guetzkow, Kozmetsky e Tyndell (1954)	Sathe (1978)	Siegel e Kulesza (1996)	Anthony e Govindarajan (2002)	Total – EUA	Horváth, Gaydoul e Hagen (1978)	Uebele (1981)	Horváth, Dambrowsky, Jung e Posselt (1985)	Amshoff (1994)	Pellens, Tomaszewski e Weber (2000)	Total – Alemanha	Giongo e Nascimento (2004)	Calijuri, Santos e Santos (2004)	Santos, Castellano, Bonacim e Silva (2005)	Borinelli (2006)	Total – Brasil	Absoluto	Relativo %
Elaboração e Interpretação de Relatórios	X	X	X	X	X	5	X	X	X	X	–	4	–	X	X	X	3	12	86%
Planejamento	–	–	X	X	X	3	X	X	X	–	X	4	X	X	X	X	4	11	79%
Controle	–	–	X	X	X	3	X	–	X	X	X	4	X	X	–	X	3	10	71%
Contábil	X	X	X	X	–	4	–	–	X	–	–	1	–	X	X	X	3	8	57%
Controle Interno	X	–	–	–	X	2	–	–	–	–	–	0	X	X	–	X	3	5	36%
Sistemas de Informação	–	–	–	X	–	1	–	–	–	X	X	2	X	–	–	–	1	4	29%
Administração dos Impostos	–	–	–	–	–	0	–	X	–	–	–	1	–	–	X	X	2	3	21%
Relatórios Governamentais	X	–	–	–	–	1	–	X	–	–	–	1	–	X	–	–	1	3	21%
Auditoria	–	X	–	–	X	2	–	–	–	–	–	0	–	X	–	–	1	3	21%
Análise e Avaliação Econômica	–	–	–	–	X	1	–	X	–	–	X	2	–	–	–	–	0	3	21%
Direção	X	–	–	–	–	1	–	–	–	X	–	1	–	–	–	–	0	2	14%
Proteção de Ativos	–	–	–	–	X	1	–	X	–	–	–	1	–	–	–	–	0	2	14%
Avaliação e Deliberação	–	–	–	–	–	0	–	X	–	–	–	1	–	–	–	–	0	1	7%
Atender Agentes de Mercado	–	–	–	–	–	0	–	–	–	–	–	0	–	X	–	–	1	1	7%
Desenvolver Pessoal	–	–	–	–	X	1	–	–	–	–	–	0	–	–	–	–	0	1	7%
Avaliação e Consultoria	–	–	–	–	–	0	–	–	–	–	–	0	–	–	–	–	0	0	0%
Processamento de Dados	–	–	–	–	–	0	–	–	–	–	–	0	–	–	–	–	0	0	0%
Mensuração de Risco	–	–	–	–	–	0	–	–	–	–	–	0	–	–	–	–	0	0	0%
Organização	–	–	–	–	–	0	–	–	–	–	–	0	–	–	–	–	0	0	0%
Coordenação	–	–	–	–	–	0	–	–	–	–	–	0	–	–	–	–	0	0	0%

Fonte: Lunkes; Gasparetto; Schnorrenberger (2010), com adaptação dos autores.

Há uma corrente de pensamento, defendida por Anthony e Govindarajan, que apregoa que o *Controller* moderno tem como foco a contabilidade gerencial, que não obedece à autoridade de nenhum órgão regulador.

Sob esse enfoque, a preparação de relatórios para a administração e outros interessados dentro da empresa se baseia em prover direcionamento estratégico e capacitar decisões fundamentadas, estando, com isso, mais focado no futuro.

Por outro lado, a contabilidade financeira visa preparar relatórios para acionistas, analistas de investimentos e outras partes interessadas, sendo disciplinada pelos Princípios Fundamentais da Contabilidade, dando uma visão do que ocorreu dentro da organização.

Dito isso, cria-se uma interrogação onde a dúvida paira sobre qual deveria ser o papel do *Controller*:

1. aquele embasado pela contabilidade gerencial e focado no futuro; ou
2. o de registro e divulgação de fatos passados, amparados pela contabilidade financeira.

Para responder a essa questão, é preciso compreender que um profissional pode e deve atuar em mais de um nível de gestão, mas é o enfoque dado a um deles que definirá o tipo de *Controller* existente na organização.

A ***Gestão Estratégica***, defendida por Anthony e Govindarajan, tem o seu alicerce no longo prazo.

Nesta, caberia ao *Controller* colaborar com a formulação de estratégias, elaborar o planejamento estratégico e orçamentário, avaliar as medições de indicadores financeiros (tais como: receita, gastos, margem de contribuição, lucro e fluxo de caixa) e não financeiros (como a qualidade, a satisfação dos clientes e a inserção de novos produtos no mercado – "NPIs", do inglês: "*New Product Implementation*"), propor correções de rumo e identificar as necessidades referentes aos recursos quanto à tecnologia de informação que irão subsidiar a consecução das estratégias definidas pela companhia.

A ***Gestão Tática*** busca traduzir o planejamento estratégico em medidas operacionais e administrativas que deverão ser cascateadas para todas as áreas e níveis da organização.

Isso inclui elaborar o plano tático, prover suporte na avaliação de desempenho da companhia, atuar na gestão de controles internos, de ativos e de riscos, coordenando, inclusive, os trabalhos das auditorias interna e externa, e assegurar que as decisões, no tocante à tecnologia da informação, estão suportando, de forma adequada, a execução das atividades na esfera operacional e seguem alinhadas aos objetivos estratégicos propostos.

A ***Gestão Operacional*** compreende a execução de atividades.

Logo, dispender a maior parte do tempo nesse nível pode significar que temos um *Controller* voltado a um papel de Gerente Contábil, com uma inclinação maior ao acompanhamento do registro dos fatos ocorridos à luz da contabilidade financeira, com atenção aos requerimentos estatutários e à proteção dos ativos da companhia no sentido de acompanhar para que os mesmos estejam devidamente contabilizados, depreciados, que sejam periodicamente inventariados, e que reflitam, nos livros contábeis, com acurácia, o patrimônio existente da empresa.

A Figura 8 demonstra um esquema sumarizando os três níveis de gestão que podem estar inseridos no contexto de um *Controller*.

O enfoque desse profissional pode variar de acordo com distintos quesitos, dentre eles:

1. O porte da empresa:

    Em uma empresa muito pequena, pode haver priorização na Gestão Operacional.

2. O país no qual a mesma possui sua matriz estabelecida:

    Dadas as características culturais, estágio econômico e social, pode-se priorizar uma Gestão Estratégica do *Controller*, delegando ao Gerente Contábil a ênfase na Gestão Operacional.

Figura 8 – Níveis de gestão do *Controller*

Gestão Estratégica – concentrada no longo prazo
- Participação na formulação de estratégias
- Elaborar o planejamento estratégico e orçamentário
- Controle, avaliação e correções do desempenho financeiro e não financeiro
- Gestão estratégica da tecnologia da informação

Gestão Tática – ênfase na implementação das estratégias
- Tradução do plano estratégico em medidas operacionais e administrativas
- Elaboração do plano tático e apoiar na avaliação de desempenho
- Gestão de controles internos, de ativos e de riscos
- Gerir o sistema de informações

Gestão Operacional – centrada na execução de atividades
- Planejamento operacional
- Contabilidade, elaboração de relatórios e interpretação
- Administração de impostos
- Proteção do patrimônio

Fonte: Elaboração dos autores (2014).

Caso baseado em fatos reais

Houston's e os níveis de gestão do *Controller*

Supondo uma determinada empresa multinacional americana, a Houston's, com uma unidade de negócios na indústria de aviação, que produz e vende turbinas aeronáuticas para companhias aéreas comerciais, assim como efetua serviços de manutenção e reparo das mesmas, possuindo 6 plantas de serviço no mundo.

Ao efetuar a venda de uma turbina, geralmente a mesma está associada a um contrato de manutenção e reparo de longo prazo (15 anos), chamado de "contrato de revisão". Dado que essa indústria é altamente regulamentada, sabe-se, na maioria dos casos, que tipos de revisão uma turbina irá incorrer ao longo de sua vida econômica (salvo excepcionalidades, como por exemplo aves que entram na turbina por acidente quando da aeronave em pleno voo).

Dessa forma, o gerente de projetos, ao elaborar o preço que o cliente irá pagar em cada uma das revisões da turbina, leva em consideração os eventos previstos em regulamentação, e com isso tem-se um preço fixo para cada uma dessas, o que será alterado somente pelo indexador financeiro anual acordado em contrato. Dessa forma, a receita dessa unidade de negócios, que presta serviços de revisão de turbinas aeronáuticas, é fixa e conhecida ao longo dos 15 anos (com exceção, claro, do efeito do indexador, que se sabe qual é, mas o valor em si só se saberá nos momentos da devida indexação, assim como eventos extraordinários não previstos).

Contudo, os gastos a serem incorridos ao longo desses 15 anos são estimados quando do momento da precificação do contrato e podem variar no resultado real da companhia devido a inúmeros fatores, como por exemplo mais ou menos horas trabalhadas no processo de revisão (dado um maior *turnover* na companhia, podendo indicar um maior número de novatos que precisam de mais horas para desempenhar a mesma tarefa), assim como mais ou menos produtos/partes aplicadas na turbina (pela necessidade de algum retrabalho). Ou seja, os gastos dessa unidade de negócios são variáveis e é aí que está a volatilidade desse negócio.

Logo, o fator preponderante nessa indústria de revisão de turbinas são os gastos, dado que a receita é fixa e é necessário um controle robusto para garantir que a margem real do contrato seja igual ou maior do que a estimada originalmente.

Imaginemos agora que o contrato de serviço de longo prazo foi assinado e uma turbina precisa ser enviada para reparo. Lembre-se que essa empresa possui 6 plantas de revisão no mundo e que para ela a receita é fixa (por contrato), mas os custos não são (serão os realmente incorridos no momento da revisão).

Logo, essa empresa vai dar sempre preferência a mandar as turbinas para a planta que conseguir efetuar a revisão com o menor gasto, o que nessa indústria é chamado de "OCPH – *Overhaul Cost Per Hour*", ou Custo por Hora de Revisão, se convertendo em um dos seus principais indicadores de *performance* financeira.

Dessa forma, as 6 plantas de revisão, dentro da própria empresa, tornam-se concorrentes naturais e receberão mais ou menos turbinas dada a sua capacidade de gerenciar seus gastos (o OCPH), e quanto mais turbinas receberem, maior será sua receita e maior também será o apetite da organização em efetuar novos investimentos na planta, assim como treinamentos e novas contratações, e menor também tende a ser seu OCPH pelo efeito de diluição de alguns gastos em função de maior escala, formando-se, assim, um ciclo virtuoso.

Contudo, o contrário é verdadeiro, onde a planta menos eficiente (com maior OCPH) incorre no risco de ser fechada ou ter suas operações transferidas para outro país (o que já ocorreu no passado).

Face a esse modelo de negócio, é esperado que toda a formulação da estratégia da empresa, incluindo suas 6 plantas, esteja pautada em custos, e para isso é necessário que se consiga traduzir o planejamento estratégico em medidas operacionais e administrativas para todas as áreas e níveis da organização, a fim de que, dessa forma, toda a organização esteja efetivamente alinhada na consecução dos objetivos traçados.

Nesse exemplo, dado que a estratégia da empresa está fundamentada em gerenciamento de custos (gestão estratégica), uma das ações da empresa foi criar um programa chamado *Bullet Train*, que dividia todos os gastos da empresa em 10 contas estratégicas (ou *buckets*, como eram chamadas), e esse programa visava transformar a estratégia em uma realidade (gestão tática).

A cada ano, cada planta nomeava 11 pessoas, de diferentes áreas da empresa, para gerenciarem o *Bullet Train*, sendo uma para cada conta, e a 11ª para ser o Gestor Geral do programa.

Esses 11 funcionários, uma vez eleitos pela alta liderança da empresa, tinham como objetivos: designar um time para acompanhá-los na gestão de cada conta, elaborar o orçamento do ano de seu mandato, definir o plano para alcançar as metas traçadas e acompanhar e avaliar os resultados.

Parte do plano tático foi a implementação do programa Kaizen (de melhoria contínua), onde todos os funcionários da planta (cerca de 2.000 colaboradores) tinham como meta anual de avaliação de desempenho desenvolver dois projetos de aumento de produtividade (fazer mais com menos).

Os melhores projetos de cada trimestre eram apresentados em reuniões da empresa, com a presença da alta gerência, estando suscetíveis a prêmios em dinheiro ou motivacionais (viagens turísticas com acompanhantes e treinamentos internacionais).

Ou seja, garantia-se, com esse plano tático, o envolvimento de todas as áreas operacionais da empresa (gestão operacional).

Em suma, não existe uma definição única a respeito do que é Controladoria, e nem uma delimitação clara das funções do *Controller*, contudo, ao longo do tempo, o papel do *Controller* vem se transformando em um grande parceiro de negócios, responsável pelo gerenciamento de informações nas organizações em todos os níveis de gestão e se convertendo em navegador do executivo chefe, apoiando-o em decisões para um futuro mais efetivo, mas com um olho no retrovisor, sem perder de vista o passado, importante na construção e entendimento do que está por vir.

De acordo com o International Federation of Accountants (IFAC, 1996), apud Ieda Margarete Oro, Ilse Maria Beuren e Antonio Maria da Silva Carpes (2013), as habilidades individuais dos profissionais de Controladoria são classificadas em intelectual, interpessoal e de comunicação. Já Bateman (2008), apud os mesmos autores, sugere o agrupamento em habilidades técnicas, interpessoais, de comunicação, conceituais e de decisão.

Como sugestão alternativa, porém alinhada com as categorizações levantadas anteriormente, sugerem os autores o agrupamento das habilidades do *Controller* em 3 esferas, sendo elas: técnicas, interpessoais e decisórias, devendo as 3 coexistir de forma harmônica, objetivando uma ampliação da efetividade do profissional de Controladoria.

Figura 9 – Habilidades do *Controller*

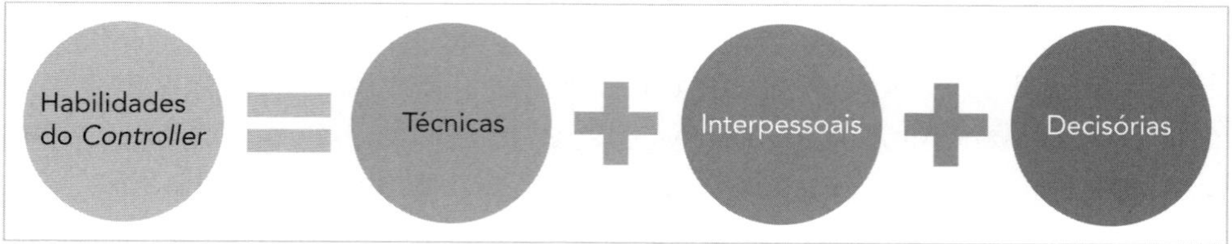

Fonte: Elaboração dos autores (2014).

As **Habilidades Técnicas** são as associadas à área de atuação do *Controller* para a execução de uma atividade específica, onde fazem parte a formação acadêmica, a experiência profissional, o domínio de idiomas, o conhecimento de sistemas e ferramentas tecnológicas.

As **Habilidades Interpessoais** são as relacionadas à capacidade de interação em grupo e à navegação pelas diferentes ramificações da organização, assim como a solução de conflitos.

As **Habilidades Decisórias** são as conectadas ao processo estratégico, onde um caminho é escolhido em detrimento de outros para a resolução de um problema com base no juízo feito pelo *Controller*, amparado por suas habilidades técnicas e interpessoais.

2.2 Controles internos

De acordo com o COSO,[1] um elemento vital no estabelecimento de boas práticas de Governança Corporativa é a implementação de Controles Internos robustos, que consistem em um conjunto de políticas e procedimentos que são desenvolvidos e operacionalizados, seja pela Diretoria da Organização, pelo Conselho de Administração, ou por outros colaboradores da empresa, para impulsionar o sucesso organizacional em 3 categorias:

- eficácia e eficiência das operações;
- confiabilidade dos relatórios e informações prestadas pela empresa;
- cumprimento das leis e regulamentos vigentes.

Por *eficácia* entende-se dispender a menor quantidade de recurso possível para se atingir um objetivo, e por isso está relacionada, intimamente, com a produtividade. Já *eficiência* entende-se como a entrega efetuada pela operação da empresa.

Por exemplo, imaginemos uma empresa que produza cadeiras, onde seu custo padrão (custo estimado) para fabricar uma unidade seja de R$ 10. Se a área de produção conseguiu fazer uma cadeira gastando até R$ 10, podemos dizer que ela foi eficaz.

A eficácia está relacionada com a produtividade e, por isso, se conecta a objetivos de curto prazo, dada sua ligação com o gerenciamento de custos.

Da mesma forma, imaginando que o cliente pediu uma cadeira forrada em azul, com entrega para daqui a 10 dias, e a companhia conseguiu atingir essa expectativa, podemos dizer que ela foi eficiente.

Logo, a eficiência está relacionada com a entrega, aquilo que a operação da empresa propicia ao cliente (não só externo, mas também interno), e

---

[1] COSO: *Committee of Sponsoring Organizations of the Treadway Commission.*

está conectada ao longo prazo, dado que quanto mais o cliente for atendido em suas expectativas, mais se encantará com a empresa, e em consequência se tornará fiel e tenderá a ajudar na disseminação de uma opinião positiva junto a terceiros.

A conjunção de eficácia com eficiência é conhecida como efetividade, e esse é o elemento final que deve ser almejado. Ou seja, fazer algo da maneira correta (eficácia) com a entrega almejada (eficiência) irá maximizar o resultado e possibilitará a geração da riqueza esperada.

Para detalhar o tema eficácia e eficiência, à luz dos controles internos, vamos examinar um exemplo prático.

Caso baseado em fatos reais

Brazilian's e sua escolha ineficiente

A Brazilian's era uma empresa brasileira, subsidiária de uma companhia multinacional americana, a American's.

Em determinado momento, a American's, necessitando de caixa para cobrir compromissos financeiros assumidos, vendeu a Brazilian's para um conglomerado mexicano, a Mexican's.

O CEO da empresa brasileira foi notificado da venda e recebeu a mensagem de que teria mais dois anos de mandato e que, ao longo desse prazo, era esperado que ele fizesse um *handover*[2] para os executivos mexicanos que, aos poucos, desembarcariam no Brasil para compreender os cenários político e econômico, assim como as operações da empresa e conhecer os clientes e fornecedores.

A Brazilian's tinha duas unidades de negócio e cada uma contava com um Diretor Financeiro que cuidava das operações como se estas fossem totalmente independentes, observando apenas o mesmo código de ética.

---

[2] *Handover* é um termo em inglês que significa: passar as tarefas que uma pessoa executa a outra.

A cargo de cada Diretor Financeiro ficava a responsabilidade de identificar, analisar e defender, perante o comitê executivo da empresa, liderado pelo CEO, os projetos de CAPEX[3] das suas entidades.

A regra para um projeto ser considerado elegível à análise do comitê executivo era que os critérios de VPL, TIR e ILL[4] fossem atendidos e respaldados por premissas sólidas, assim como também era demandada a apresentação informativa de em quanto tempo os projetos conseguiriam amortizar o investimento inicial, conhecido por *payback* descontado.

Passando nessa primeira triagem, os projetos eram levados ao comitê, que após estudá-los de forma diligente e discutindo com os Diretores Financeiros decidiam em que projetos investiriam os recursos da companhia.

O CEO, assim como outros membros do comitê, recebiam parte do bônus em virtude do incremento de caixa que traziam para a companhia e, dessa forma, se viam impulsionados, obviamente, a escolher os projetos que gerariam maior riqueza para o acionista, dessa forma suscitando um alinhamento de objetivos, onde ganhavam os acionistas, assim como os gestores.

Contudo, dado que em determinado momento o CEO foi informado que teria apenas dois anos a mais de mandato, ele divulgou um memorando onde, a partir daquela data, permanecia o crivo inicial de VPL, TIR e ILL, porém, foi implantada a regra de que os projetos levados ao comitê obrigatoriamente tivessem *payback* descontado de no máximo 1 ano.

Logo, imaginemos o cenário a seguir.

A Brazilian's tem R$ 200 mil para investir e há dois projetos, mutuamente excludentes, que demandam esse montante:

a) o projeto "Sol" trará um VPL de R$ 100 mil com um *payback* descontado de 1 ano;

b) o projeto "Lua" trará um VPL de R$ 100 milhões com um *payback* descontado de 3 anos.

---

[3] Projetos de CAPEX (*Capital Expenditures*) são os relacionados a investimentos que a empresa faz em bens duráveis (de capital), como por exemplo máquinas e equipamentos, ou até mesmo a aquisição de outra companhia.

[4] VPL (Valor Presente Líquido), TIR (Taxa Interna de Retorno) e ILL (Índice de Lucratividade Líquida) são critérios para a análise de viabilidade econômica de projetos.

Ambos os projetos são economicamente viáveis e teoricamente poderiam ser apresentados ao comitê executivo, onde a decisão óbvia seria optar pela escolha do projeto "Lua", dado que ele traria maior geração de riqueza para a companhia.

Contudo, dada a nova "regra" estabelecida pelo CEO, de que obrigatoriamente os projetos se pagassem em no máximo 1 ano para serem cogitados a serem levados ao comitê, o projeto "Lua" sequer seria submetido aos executivos, e o projeto "Sol" seria o escolhido.

Estaríamos, dessa forma, gerando riqueza para a companhia, dado que o projeto "Sol" é economicamente viável, mas este traria um valor agregado à organização substancialmente menor quando comparado ao projeto "Lua".

Essa decisão deu-se basicamente pelo fato de que a regra atualmente existente servia apenas para garantir que os projetos executados gerassem riqueza dentro do mandato do atual CEO, garantindo-lhe, dessa forma, o recebimento do seu próprio bônus.

Assim, conectando o caso à eficácia e eficiência, a empresa foi eficaz, pois à luz das regras existentes estava fazendo o correto, não houve ilegitimidade e não se optou por projetos que trouxessem impacto negativo à empresa.

No entanto, as decisões tomadas não foram as melhores do ponto de vista econômico de longo prazo, e dessa forma não se primou pela eficiência, entregando-se ao acionista uma riqueza muito menor do que se poderia entregar, podendo, inclusive, pôr em risco a reputação da empresa quanto à sua capacidade decisória e reduzindo seu valor de mercado.

Infelizmente, decisões como essas não são raras em companhias onde executivos tendem a beneficiar o curto prazo em detrimento do longo prazo, seja por questões de bonificação ou por pressões exógenas.

Dessa forma, compete à Controladoria estabelecer, fiscalizar e demandar que as decisões tomadas em uma organização façam sentido do ponto de vista econômico, levando em consideração análises de risco bem fundamentadas na busca de alcançar a efetividade almejada pelos acionistas da empresa que, por aportarem capital, necessitam tê-lo remunerado da melhor forma possível.

Com relação à categoria **confiabilidade dos relatórios e informações prestadas pela empresa**, podemos dizer que, de maneira lógica, não se espera que alguém deposite em um banco suas economias, caso creia que essa instituição não seja confiável, correto?

Assim, por analogia, não são esperados investimentos em empresas que não transmitam ao mercado segurança nos documentos e informações que esta publica, dado o receio que os mesmos teriam em ver seus ativos esvaindo-se em planos e decisões infundadas ou serem simplesmente expropriados.

Em uma empresa aberta, o preço da ação é o valor que os investidores pagam para se associarem a uma companhia, tornando-se parcialmente donos dela e estando suscetíveis aos bônus e ônus oriundos dos caminhos tomados.

Boas práticas e escolhas, salvo excepcionalidades de mercado, como por exemplo grandes crises financeiras, em geral se convertem em alta dessas ações, dado a uma maior procura pelas mesmas, traduzindo-se em mais investimentos para a empresa, possibilitando ampliação no plano de expansão das suas operações.

Contudo, o contrário também é uma realidade e vamos, a seguir, a mais um exemplo prático.

Caso real

A OGX e a crise de confiabilidade

A OGX, empresa petrolífera do empresário Eike Batista, foi criada em 2007 (sucedida pela OGPar, após o plano de recuperação judicial aprovado em junho de 2014) e abriu o capital, fazendo o maior IPO (*Initial Public Offering*, ou Oferta Pública Inicial) da história da Bolsa de Valores Brasileira (BOVESPA – Bolsa de Valores do Estado de São Paulo), em junho de 2008.

Com esse IPO, a OGX captou o equivalente a R$ 6,7 bilhões, com ações cotadas a R$ 12,25, considerando a quantidade de papéis em circulação.

Tal recorde deu-se no mesmo momento em que o mundo se via diante de uma grave crise financeira, a do Subprime, relacionada à crise do crédito hipotecário de alto risco nos Estados Unidos.

Contudo, no Brasil, ventos vinham de popa, e a Petrobras anunciava a descoberta de mais um novo campo de petróleo.

Para que se tenha uma ideia da relevância desse IPO, segundo a Revista *Exame* eletrônica (2008), no ano de 2007 foram realizadas 64 aberturas de capital, que movimentaram R$ 55,6 bilhões, ou seja, na média, R$ 867 milhões de captação por IPO, *versus* R$ 6,7 bilhões da OGX.

A OGX, sozinha, captou quase oito vezes mais que a média das empresas no ano anterior.

No mesmo ano de abertura do capital, a OGX já constava no *ranking* da BOVESPA como a 12ª maior empresa em valor de mercado, superando gigantes como Eletrobras, Banco Santander e a Telemar, e se apresentava como "a maior companhia privada brasileira do setor de petróleo e gás natural em termos de área marítima de exploração, com concessões cobrindo aproximadamente 7.000 km^2".

Ainda segundo a Revista *Exame* eletrônica, um estudo de viabilidade realizado pela consultoria DeGolyer & MacNaughton atestava que os blocos explorados pela OGX, localizados nas Bacias de Campos, Santos, Espírito Santo e Pará-Maranhão, contavam com um potencial de extração de gás e petróleo de 20,2 bilhões de barris.

Para garantir o sucesso do empreendimento, Eike Batista levou para a OGX profissionais de alto calibre, tais como o ex-presidente da Petrobras, Francisco Gros – como membro do Conselho de Administração, e o ex-presidente da BR Distribuidora, Rodolfo Landim – para ocupar a cadeira de Presidente da OGX.

Tabela 4 – As 20 maiores empresas da BOVESPA

Empresa	Valor de mercado em 11/6/2008 (R$ bilhões)**
1 – Petrobras	444,0
2 – Vale	256,5
3 – Bradesco	100,5
4 – Itaú	98,7
5 – Banco do Brasil	75,5
6 – Ambev	63,2
7 – CSN	56,7
8 – Gerdau	52,7
9 – Itaúsa	50,4

Empresa	Valor de mercado em 11/6/2008 (R$ bilhões)**
10 – Usiminas	41,3
11 – Unibanco	40,4
12 – OGX*	36,5
13 – Eletrobras	33,6
14 – Santander	28,8
15 – Telemar	24,2
16 – Telesp	22,0
17 – Gerdau Met.	21,9
18 – Redecard	20,9
19 – Cemig	18,5
20 – Brasil Telecom	17,9

* Considerando a colocação máxima de ações.
** Pela cotação de fechamento de 11/6/2008.

Fonte: Revista *Exame* eletrônica (2008), com adaptação dos autores.

Em agosto de 2010, a OGX anunciou ter descoberto gás na Bacia do Parnaíba, no Maranhão, com capacidade de 15 milhões de metros cúbicos por dia, representando "meia Bolívia", segundo declarações de Eike Batista na época.

Em outubro de 2010, os papéis da companhia atingiram a maior alta, desde a abertura do capital, de R$ 23,27 (15 out. 2010), fazendo com que seu valor de mercado ultrapassasse a marca de R$ 75 bilhões.

Em meados de 2012, a economia brasileira desacelerava, e os investidores da OGX se questionavam sobre a consistência das premissas por trás de todo o crescimento anunciado inicialmente, quando se depararam, em 26 de junho, com a revisão da companhia quanto ao potencial de produção do campo de Tubarão Azul para apenas um quarto do previsto anteriormente, fazendo com que as ações caíssem para R$ 8,37.

Figura 10 – OGX, de Eike Batista, cai mais de 25% e derruba BOVESPA

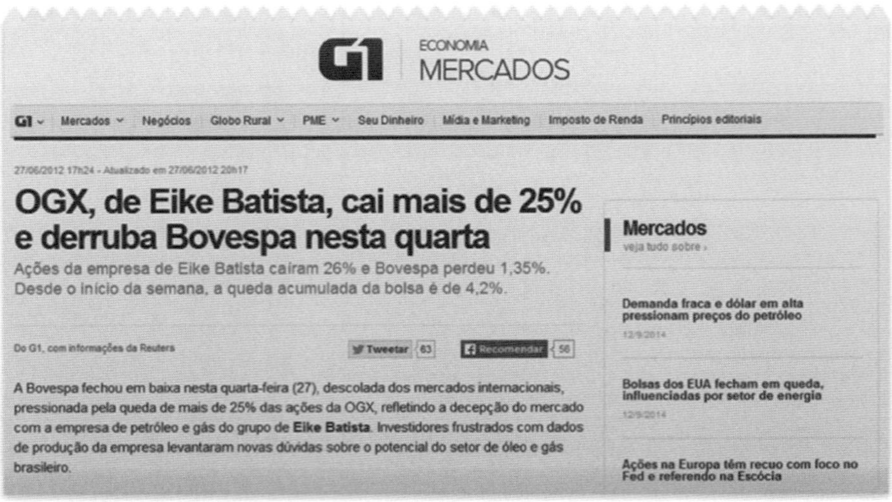
G1 ECONOMIA MERCADOS

G1 · Mercados · Negócios · Globo Rural · PME · Seu Dinheiro · Mídia e Marketing · Imposto de Renda · Princípios editoriais

27/06/2012 17h24 - Atualizado em 27/06/2012 20h17

OGX, de Eike Batista, cai mais de 25% e derruba Bovespa nesta quarta

Ações da empresa de Eike Batista caíram 26% e Bovespa perdeu 1,35%. Desde o início da semana, a queda acumulada da bolsa é de 4,2%.

Do G1, com informações da Reuters

Tweetar 63 · Recomendar 56

A Bovespa fechou em baixa nesta quarta-feira (27), descolada dos mercados internacionais, pressionada pela queda de mais de 25% das ações da OGX, refletindo a decepção do mercado com a empresa de petróleo e gás do grupo de **Eike Batista**. Investidores frustrados com dados de produção da empresa levantaram novas dúvidas sobre o potencial do setor de óleo e gás brasileiro.

Mercados
veja tudo sobre ›

Demanda fraca e dólar em alta pressionam preços do petróleo
12/9/2014

Bolsas dos EUA fecham em queda, influenciadas por setor de energia
12/9/2014

Ações na Europa têm recuo com foco no Fed e referendo na Escócia

Fonte: O Globo.com (2012).

O cenário se agrava, culminando na demissão, em 28 de junho de 2012, do Presidente da OGX, Paulo Mendonça, e, posteriormente, Eduardo Eugênio Gouvêa Vieira, Vice-presidente da EBX (*holding*), pede demissão em 6 de março de 2013, onde, nesse momento, as ações pairavam em R$ 2,92.

Anúncios com relação à possibilidade de comercialiação dos Campos de Tubarão Azul, Tubarão Tigre e Tubarão Areia são divulgados, mas o mercado não reage, e as ações fecham a R$ 2,37 (13 mar. 2013).

Em 13 de junho de 2013, a OGX sofre um duro golpe ao ser classificada como "CCC" (alto risco) pela agência de risco Fitch e vê suas ações, pela primeira vez, fecharem abaixo de R$ 1.

Em 1º de julho 2013, as ações baixam para R$ 0,56 quando do anúncio, por parte da OGX, de que o Campo de Tubarão Azul, na Bacia de Campos, poderia parar de produzir petróleo em 2014, assim como que seus outros 3 campos (Tubarão Tigre, Tubarão Gato e Tubarão Areia) foram considerados inviáveis (lembrando que havia sido comunicado ao mercado sua viabilidade em março do mesmo ano).

Em 1º de outubro de 2013, a OGX deixa de pagar o equivalente a US$ 45 milhões em serviços da dívida adquirida junto a credores estrangeiros;

o mercado teme por uma inadimplência generalizada no âmbito de US$ 3,6 bilhões e as ações recuam para R$ 0,24.

Em paralelo, ocorrem denúncias contra o empresário Eike Batista, acusando-o de divulgar expectativas demasiadamente otimistas sobre as reservas de petróleo da OGX, bem como sua capacidade de extração e produção, com a finalidade de manipulação dos preços das ações, aliadas ainda a indícios de que teria havido o uso de informações privilegiadas na compra e venda de ações da companhia, por parte do Controlador.

Tanto a BOVESPA, quanto a CVM (Comissão de Valores Mobiliários, autarquia federal que regula o funcionamento dos mercados da bolsa de valores e de balcão no Brasil), também são arroladas nos pleitos, cobrando-lhes maior rigor na divulgação de informação às partes interessadas, fiscalização e punição.

Figura 11 – Minoritários da OGX processam Eike, Bolsa e CVM

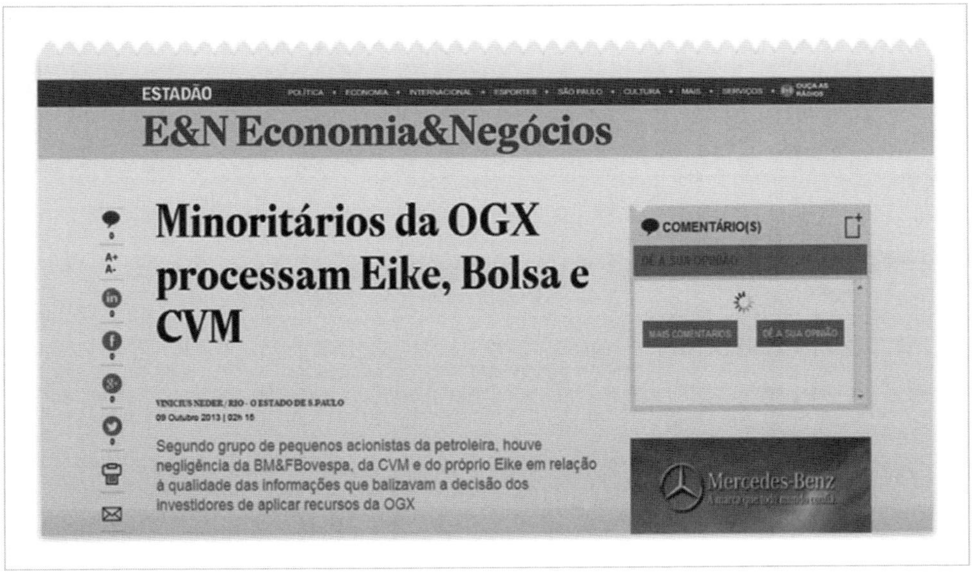
ESTADÃO
E&N Economia&Negócios
Minoritários da OGX processam Eike, Bolsa e CVM
VINICIUS NEDER / RIO - O ESTADO DE S.PAULO
09 Outubro 2013 | 02h 16
Segundo grupo de pequenos acionistas da petroleira, houve negligência da BM&FBovespa, da CVM e do próprio Eike em relação à qualidade das informações que balizavam a decisão dos investidores de aplicar recursos da OGX
COMENTÁRIO(S)
Mercedes-Benz

Fonte: *Estadão* (2013).

Em 30 de outubro de 2013, a OGX entra com pedido de recuperação judicial, junto ao Tribunal de Justiça do Rio de Janeiro, e suas ações chegam a R$ 0,17, desde então ficando impossibilitada de negociar na Bolsa de Valores em face dos trâmites da recuperação.

Em 13 de setembro de 2014, o jornal *Valor Econômico* divulga matéria informando que o Ministério Público Federal do Rio de Janeiro denunciou o empresário Eike Batista por crimes contra o mercado de capitais, sendo eles os de manipulação do mercado e uso indevido de informação privilegiada, pedindo o bloqueio de R$ 1,5 bilhão em bens (móveis e imóveis) para arcar com os prejuízos por ele causados, podendo inclusive ser condenado a até 13 anos de prisão.

Esse bloqueio alcança também os bens que Eike Batista teria doado à esposa e aos filhos, por caracterizar-se como uma manobra fraudulenta no sentido de buscar afastar seus bens no caso de ações contra ele.

Figura 12 – MPF pede bloqueio de R$ 1,5 bilhão de bens de Eike

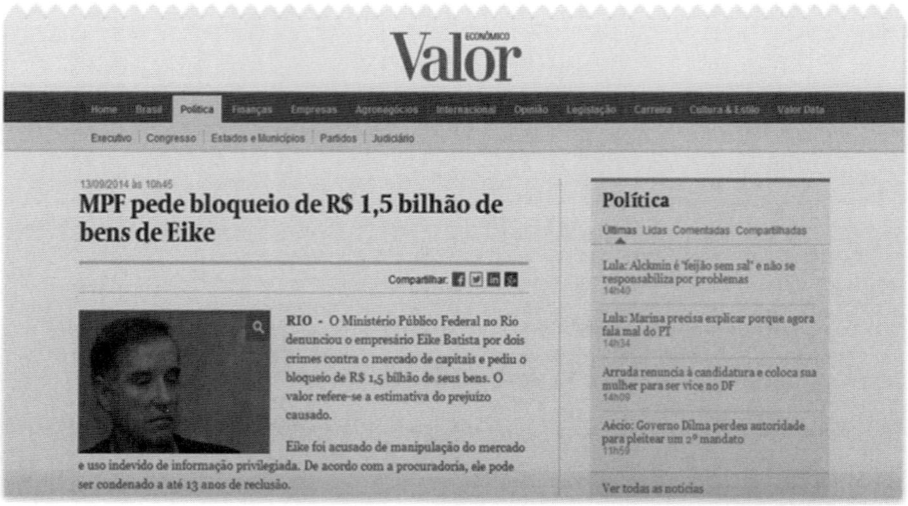

Valor Econômico

Home | Brasil | Política | Finanças | Empresas | Agronegócios | Internacional | Opinião | Legislação | Carreira | Cultura & Estilo | Valor Data

Executivo | Congresso | Estados e Municípios | Partidos | Judiciário

13/09/2014 às 10h45

MPF pede bloqueio de R$ 1,5 bilhão de bens de Eike

Compartilhar:

RIO - O Ministério Público Federal no Rio denunciou o empresário Eike Batista por dois crimes contra o mercado de capitais e pediu o bloqueio de R$ 1,5 bilhão de seus bens. O valor refere-se a estimativa do prejuízo causado.

Eike foi acusado de manipulação do mercado e uso indevido de informação privilegiada. De acordo com a procuradoria, ele pode ser condenado a até 13 anos de reclusão.

Política

Últimas Lidas Comentadas Compartilhadas

Lula: Alckmin é 'feijão sem sal' e não se responsabiliza por problemas
14h40

Lula: Marina precisa explicar porque agora fala mal do PT
14h34

Arruda renuncia à candidatura e coloca sua mulher para ser vice no DF
14h09

Aécio: Governo Dilma perdeu autoridade para pleitear um 2º mandato
11h59

Ver todas as notícias

Fonte: *Valor Econômico* (2014).

No tocante ao ***cumprimento das leis e regulamentos vigentes***, a 3ª categoria de sucesso organizacional almejada com a implantação de controles internos efetivos, o que se busca é a conformidade com o que determinam os governos locais onde funcionam matriz e subsidiárias de uma organização, assim como o que demanda, a própria empresa, através do seu código de ética e políticas estabelecidas, desde que, obviamente, não venham a ferir nenhuma lei/regulamento vigente das autoridades locais.

O objetivo é operar de forma idônea e alinhada com os requerimentos demandados.

2.3 COSO

Em 1985, foi fundada, nos Estados Unidos, a *National Commission on Fraudulent Financial Reporting* – Comissão Nacional de Relato Financeiro Fraudulento (a partir desse momento referenciada, nesta obra, pelos autores, como NCFFR), uma iniciativa privada e independente que estudava os fatores causais que podiam levar a relatórios financeiros fraudulentos, desenvolvendo também recomendações para as empresas públicas, seus auditores independentes, para a SEC e outros reguladores, assim como para as instituições de ensino.

Posteriormente, a Comissão transformou-se em Comitê, que passou a ser conhecido como COSO, *Committee of Sponsoring Organizations of the Treadway Commission* (Comitê das Organizações Patrocinadoras da Comissão Treadway), patrocinado pelas cinco principais associações de classe de profissionais ligadas à área financeira nos Estados Unidos, sendo elas: American Accounting Association, American Institute of Certified Public Accountants, Financial Executives International, Institute of Managements Accountants e Institute of Internal Auditors.

Vale ressaltar que esta última, no Brasil, está ligada ao AUDIBRA – Instituto dos Auditores Internos do Brasil, através da FLAI – Federação Latino-Americana de Auditores Internos.

Nesse momento, você deve estar se perguntando... "Mas o que é Treadway?", achando que houve um erro de tradução, certo?

Ocorre que o primeiro presidente da NCFFR foi James C. **Treadway** Jr., ex-Comissário da Comissão de Valores Mobiliários dos Estados Unidos, a SEC, e por isso o nome popular referenciando o COSO como o organismo que apoiava a "Comissão do Treadway".

Há várias estruturas de controles internos, onde o COSO é a mais difundida globalmente e amplamente aceita. Contudo, há outras proeminentes, dentre elas: o CoCo – modelo de controle desenvolvido pelo *Criteria of Control Committee of Canadian Institute of Chartered Accountants*, o Turnbull Report, relatório de Controles Internos desenvolvido pelo *Committee on Corporate Governance of the Institute of Chartered Accountants in England and Wales*, o ACC

– *Australian Criteria of Control*, relatório emitido pelo *Institute of Internal Auditors*, da Austrália, e o King Report, expedido pelo *King Committee on Corporate Governance*, na África do Sul.

Figura 13 – Organizações integrantes do COSO

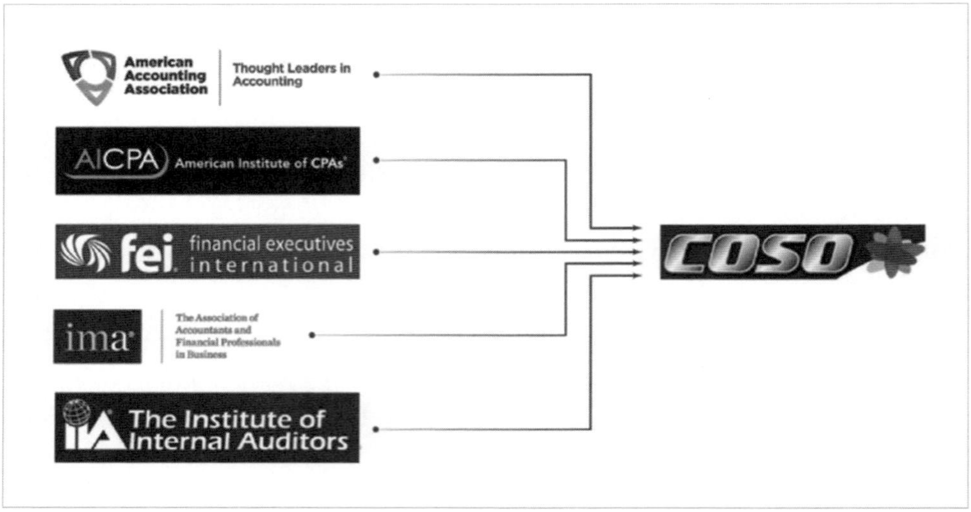

Fonte: COSO *website*.

A missão do COSO é fornecer orientação quanto ao desenvolvimento de práticas sobre gerenciamento de riscos corporativos, controles internos e de dissuasão da fraude, aumentando o desempenho organizacional e a governança, com o objetivo de reduzir a fraude nas corporações.

Seu primeiro modelo foi lançado em 1992, chamado: *Internal Control – Integrated Framework* (Controles Internos – Um Modelo Integrado), tornando-se uma referência mundial para o estudo e aplicação dos controles internos, focando em conceitos-chave como processo, garantias razoáveis e objetivos de controle interno.

A estrutura proposta pelo COSO nesta obra foi dividir os controles internos efetivos em 5 componentes inter-relacionados, visando simplificar a tarefa de gerenciamento e supervisão das atividades que fazem parte de uma estratégia de controles internos robusta e bem-sucedida.

O cubo ilustrado na Figura 14 resume a visão do COSO sobre os Controles Internos, ressaltando 3 objetivos: eficácia e eficiência das operações, confiabilidade dos relatórios e informações prestadas pela empresa e o cumprimento das leis e regulamentos vigentes, já discutidos no Capítulo 2, seção 2.2, e estes estão conectados, pois representam aquilo que uma entidade deve se esforçar para atingir, pois impulsionará seu sucesso empresarial.

Há também, na visão do COSO, 5 componentes: monitoramento, informação e comunicação, atividades de controle, avaliação de riscos e ambiente de controle, que representam o que é necessário para que os 3 objetivos possam ser atingidos.

Figura 14 – Cubo de controles internos: relacionamento de objetivos e componentes

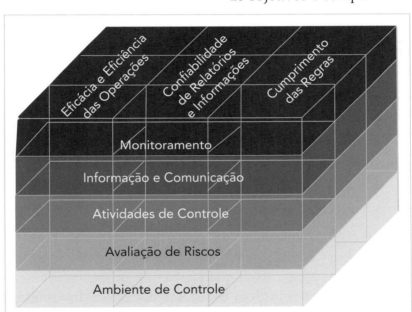

Fonte: COSO: Internal Control – Integrated Framework (1992), com adaptação dos autores.

Com o auxílio do guia para melhorar a Governança Corporativa elaborado pela Deloitte (2003), podemos descrever os 5 componentes da seguinte forma:

Ambiente de Controle: abrange toda a estrutura de controles internos – é o universo no qual todos os outros elementos existem. O Ambiente de Controle inclui conceitos como conduta, atitude, consciência, competência e estilo. Grande parte de sua força é extraída da conduta estabelecida pelo Conselho de Administração e pelos executivos da companhia.

A fim de garantir um ambiente de controle consistente, é necessário adotar medidas como comunicar a importância dos controles internos, reforçar o código de ética, garantir que a alta administração opere de forma a dar bons exemplos em termos de conduta e ética para os demais níveis da organização, conduzir programas de treinamento e conscientização e estabelecer canais para a comunicação aberta (como, por exemplo, a disponibilização de um serviço de *Ombudsman*, incluindo a possibilidade de denúncias anônimas).

Avaliação de Riscos: envolve a identificação e a análise pela Administração dos riscos mais relevantes para a obtenção dos objetivos do negócio. No decorrer de uma avaliação de riscos, cada objetivo operacional, do nível mais alto (como "dirigir uma companhia lucrativa") ao mais baixo (como "salvaguardar caixa"), é documentado, e então cada risco que possa prejudicar ou impedir o alcance do objetivo é identificado e priorizado.

A norma ABNT ISO 31000:2009 de gestão de riscos publicada no Brasil define risco como o efeito da incerteza nos objetivos, sendo que um efeito é o desvio em relação ao esperado, podendo ser positivo e/ou negativo. Portanto, caracteriza-se pela probabilidade de ocorrência (frequência) e o grau de impacto financeiro (severidade) que permeia todas as atividades da empresa, bem como a inatividade de novas iniciativas.

A Figura 15 apresenta um exemplo de matriz de risco onde a categorização de frequência e de severidade deverá ser definida pela empresa com classificações e descrições que façam sentido em face das suas operações e que estejam alinhadas com os parâmetros de controles internos esperados.

A variável severidade, no exemplo a seguir, tomou como base os ativos, mas outros elementos, tais como patrimônio líquido ou fluxo de caixa, poderão ser utilizados.

Figura 15 – Exemplo de matriz de risco

Classificação da Frequência		
Classificação	Descrição	Peso
Raro	Menos de uma vez por ano	1
Anual	Uma vez por ano	2
Semestral	Uma vez por semestre	3
Mensal	Uma vez por mês	4
Recorrente	Mais de uma vez por mês	5

Classificação da Severidade		
Classificação	Descrição	Peso
Imaterial	< 1% do ativo	1
Baixa	> 1% <= 2% do ativo	2
Média	> 2% <= 3% do ativo	3
Alta	> 3% <= 5% do ativo	4
Grave	> 5% do ativo	5

Matriz de riscos

	1	2	3	4	5
5	5	10	15	20	25 D
4	4	8	12	16 C	20
3	3	6 A	9 B	12	15
2	2	4	6	8	10
1	1	2	3	4	5

Frequência / Severidade

A Baixo risco
B Médio risco
C Alto risco
D Extremo

Fonte: Paulo et al. (2007), com adaptação dos autores.

Uma matriz de risco bem elaborada envolve vários componentes, tais como riscos econômico-financeiros (incluindo os do investidor), operacionais (incluindo os de fraude e legais), estratégicos (incluindo imagem corporativa) e de ASG (ambientais, sociais e de governança).

Atividades de Controle: são desenvolvidas para direcionar especificamente cada objetivo de controle, visando atenuar os riscos identificados. As atividades de controle são políticas, procedimentos e práticas adotadas para assegurar que os objetivos operacionais sejam atingidos e as estratégias para atenuar riscos sejam executadas.

De acordo com o COSO (1992), as atividades de controle ocorrem em toda a organização, em todos os níveis e em todas as funções, incluindo uma série de ações, tais como: aprovações, autorizações, verificações, reconciliações, revisões de desempenho operacional, segurança dos ativos e segregação de funções, sendo esta última detalhada a seguir, a título de exemplo.

Em Marcelo Cavalcanti Almeida (2012), encontramos que a segregação de funções consiste em estabelecer que uma mesma pessoa não pode ter acesso aos ativos e aos registros contábeis.

Isso se deve ao fato de essas funções serem incompatíveis dentro do sistema de controle interno, onde os registros contábeis compreendem o razão geral e os registros inicial, intermediário e final.

O acesso a esses registros representa as pessoas que os preparam ou manuseiam informações que servem para sua elaboração, em circunstâncias que lhes permitem modificar os dados desses registros.

Por exemplo, caso o funcionário tivesse acesso aos ativos e registros contábeis, ele poderia desviar fisicamente o ativo e baixá-lo contabilmente para despesa, o que levaria a ocultar permanentemente essa transação.

Dessa forma, é vital assegurar que processos-chave da organização sejam realizados por funcionários distintos, evitando que haja brecha nos controles internos e a consequente criação de oportunidade para um fraudador, um dos pilares da fraude, como vimos no Capítulo 1, seção 1.3.

Logo, como um exemplo clássico, podemos citar o processo de *buy to pay* (de compras ao pagamento), onde é esperado o envolvimento de no mínimo 3 entes distintos para que se possa concluí-lo dentro de um adequado ambiente de controles internos.

O primeiro ente está na área de compras e é responsável pela seleção e contratação do fornecedor que irá prover à empresa o produto ou serviço desejado.

O segundo está na área de recebimento, que irá se certificar que tal produto/serviço foi entregue dentro das especificações contratadas e irá encaminhar a nota fiscal para pagamento.

O terceiro e último ente é finanças, órgão com uma visão holística, que tratará de confirmar que o pagamento que está sendo solicitado está condizente com aquilo que foi recebido, e o que foi recebido é aquilo que foi demandado.

Cada um desses entes deve ter suas funções determinadas de forma clara, com políticas, procedimentos específicos e pontos de controle que visem balizar suas atividades e garantir que as mesmas sejam realizadas em conformidade com leis e políticas da companhia.

Vamos agora, com o auxílio da Figura 16, estudar o exemplo de processo de *buy to pay*.

Os Fundamentos da Controladoria 45

Figura 16 – Exemplo de processo de *buy to pay*

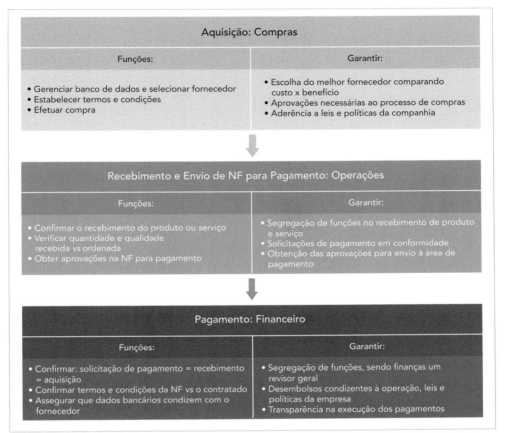

Fonte: Os autores.

Olhando para a Figura 16, imaginando que houve falha na segregação de funções, onde o mesmo funcionário que comprou fosse aquele que recebeu e enviou a NF para pagamento, estaríamos suscetíveis, por exemplo, a um conluio entre comprador e fornecedor onde este último não enviaria o produto, ou sequer realizaria o serviço, e o funcionário o daria por recebido, demandando o pagamento à empresa, e após a efetivação do mesmo, receberia uma parte a título de propina, por parte do fornecedor.

A mesma abertura para fraude seria criada caso o mesmo colaborador que fizesse o recebimento também possuísse a "chave do cofre", ou seja, tivesse a delegação de autoridade para realizar pagamentos.

Por isso, tanta ênfase na importância da segregação de funções nas atividades de controle.

Informação e Comunicação: fornecem suporte aos controles internos, transmitindo diretrizes do nível da administração para os funcionários, em um formato e uma estrutura de tempo que lhes permitem executar suas atividades de controle com efetividade.

O processo também pode percorrer o caminho inverso, partindo dos níveis mais baixos da companhia para a administração e para o Conselho de Administração, transmitindo as informações sobre os resultados, as deficiências e as questões geradas.

Bons sistemas de informação, segundo o COSO (1992), produzem relatórios contendo informações operacionais, financeiras e relacionadas à *compliance*,[5] tornando possível executar e controlar o negócio, lidando não apenas com dados gerados internamente, mas também com eventos externos, vitais na tomada de decisões e publicação de relatórios.

A comunicação eficaz também deve ocorrer em um sentido amplo, que flui para baixo, horizontalmente e da base para o topo da organização.

Todo o pessoal deve receber uma mensagem clara da alta gestão de que os controles internos são uma responsabilidade conjunta e devem ser levados a sério. Eles devem entender o seu papel no sistema de controle interno, bem como a forma como as atividades de um indivíduo se relacionam com o trabalho dos demais.

A organização precisa ainda assegurar canais de comunicação da base com a alta gerência, assim como uma comunicação eficaz com as partes externas, tais como clientes, fornecedores, reguladores e acionistas.

Monitoramento: é o processo para estimar e avaliar a qualidade dos controles internos durante avaliações contínuas e especiais.

O monitoramento pode incluir tanto a supervisão interna quanto externa dos controles internos pela administração, pelos funcionários, ou pelas partes externas.

---

[5] *Compliance*: relacionado ao cumprimento de determinada obrigação.

O escopo e a frequência das avaliações dependerão principalmente da categorização dos riscos e da efetividade dos procedimentos em curso.

Duas formas de monitoramento bastante conhecidas são as auditorias interna e externa.

Contudo, há diversas outras formas de monitoramento, como por exemplo uma análise periódica do balanço da companhia (também conhecido como *Balance Sheet Review*) onde se busca entender a composição das contas contábeis, as variações de um período para outro, elaborar testes e traçar comparações, no sentido de validar os controles internos e atestar a solidez das informações publicadas.

Vamos ver um exemplo prático.

Caso baseado em fatos reais

Revisão de Balanço Patrimonial

Vamos imaginar uma companhia hipotética, que efetua uma revisão de balanço patrimonial mensal, a fim de assegurar que suas demonstrações contábeis estão acuradas e refletem uma posição fidedigna de ativos, passivos e patrimônio líquido da companhia, evidenciando um bom nível de controle interno nessa área.

Para ilustrar nosso exemplo, observe, na Figura 17, um modelo de revisão de balanço.

Figura 17 – Exemplo de revisão de balanço patrimonial

Análise de Balanço Patrimonial / US$ bilhões

Agrupamento contábil	4T'14	2T'15	V	V%	Risco	Composição principal do saldo	Principais variações	Fatores-chave a monitorar
Caixa	0,07	0,19	0,12	156%				
Contas a receber – clientes	0,67	0,82	0,15	22%				
Outros recebíveis	0,50	0,58	0,08	17%				
Contas a receber – empresas	0,08	0,10	0,03	34%				
Inventário	0,91	0,93	0,02	3%	!	$ 700 ordens em produção; $ 100 matéria-prima; $ 131 produto acabado	$ 15 erro de mapeamento; $ 9 compras para o projeto GRU	80% das ordens com idade > 120 dias e erro de mapeameno
Ativo fixo	0,69	0,75	0,06	8%				
Diferido	0,21	0,26	0,05	23%				
Goodwill	1,08	1,14	0,06	5%				
Outros ativos	0,21	0,18	–0,02	–11%				
Ativos totais	4,41	4,95	0,54	12%				
Contas a pagar – fornecedores	(0,17)	(0,22)	–0,05	31%				
Adiantamento de clientes	(0,52)	(0,44)	0,08	–15%				
Contas a pagar – empresa	(0,50)	(0,51)	–0,01	2%				
Provisões	(0,07)	(0,06)	0,00	–1%				
Impostos a pagar	0,23	0,24	0,01	6%				
Empréstimos – externos	(0,52)	(0,93)	–0,41	78%				
Empréstimos – internos	(0,34)	(0,42)	–0,01	2%				
Outros passivos	(0,34)	(0,42)	–0,08	25%				
Passivos totais	(2,2)	(2,7)	–0,47	21%				
PL + Resultado corrente	(2,2)	(2,2)	–0,07	3%				

Fonte: Os autores.

A coluna "agrupamento contábil" refere-se à combinação que a companhia faz, para fins de análise gerencial, de diversas contas que possuem a mesma natureza, com o propósito de dar uma visão mais sintética e executiva a esse demonstrativo.

As colunas 4T'14 e 2T'15 significam, respectivamente, o 4º trimestre de 2014 e o 2º trimestre de 2015 e contêm os valores em bilhões de dólares de cada um dos agrupamentos contábeis. Em uma análise de balanço, o mais comum, dado que o mesmo é uma posição estática, é que se compare a evolução de um determinado trimestre do ano corrente com a posição do último trimestre do ano passado.

As colunas V e V% explicitam as variações do trimestre corrente *versus* o passado tanto em dólar quanto em percentual.

Na parte de risco, a empresa destaca, com a utilização de cores que seguem a mesma lógica dos sinais de trânsito, o nível de risco existente em cada um dos agrupamentos de contas (onde na linha de inventário ela classificou como alto risco, pintando de vermelho), assim como utiliza-se de um sinal de exclamação (!) caso haja processos que devam ser melhorados ou auditados com maior ênfase, com o propósito de mitigar possíveis problemas de controles internos.

Podemos observar que as colunas de "Composição principal do saldo", "Principais variações" e "Fatores-chave a monitorar" não estão preenchidas na íntegra e tal fato deu-se de propósito, dado ser esse caso um modelo para que se possa compreender a utilização desse tipo de monitoramento e, dessa forma, evitou-se popular o quadro em demasiado para não confundir o leitor. Porém, em um monitoramento verdadeiro, todas as colunas deveriam estar 100% preenchidas.

Detalhando essas colunas, temos que na composição principal do saldo mencionamos, como o nome sugere, quais os principais valores que perfazem o montante total de cada agrupamento.

Na coluna de principais variações deve-se ressaltar quais as causas que levaram à variação de um trimestre para outro.

Por fim, na coluna de fatores-chave a monitorar deve-se destacar o que se pressupõe um risco para a companhia, devendo esse item ser detalhadamente esmiuçado para que se possa proceder com algum ajuste corretivo no demonstrativo com a sua respectiva divulgação retificada ou que se elabore um plano de ação para evitar impactos futuros para a companhia.

No exemplo em pauta, foram preenchidas todas as colunas do agrupamento "inventário" para que pudéssemos, de forma didática, nos concentrar na forma de avaliação do mesmo. Note que o inventário variou muito pouco de um trimestre para o outro... apenas 3%. Se tivéssemos parado nessa análise, certamente perderíamos preciosos detalhes.

Observe que na coluna de composição principal do saldo é mencionado:

> $ 700 ordens em produção, $ 100 em matéria-prima, $ 131 em produto acabado

Contudo, um aspecto bastante importante ao analisar esse agrupamento é verificar qual o *aging*, ou seja, a "idade", do inventário.

Nesse caso, levantamos que 80% das ordens em produção, ou seja, US$ 560 milhões (US$ 700 milhões × 80%) estão nesse agrupamento há mais de 120 dias. Contudo, um dado novo para você, mas de conhecimento da gestão da empresa, é que o ciclo de produção da empresa é curto, em média, de duas semanas somente.

Logo, tudo aquilo que está "em produção" acima de duas semanas já deveria começar a chamar a atenção... que dirá estando há mais de 16 semanas...

Isso pode indicar várias coisas, dentre elas:

1. Que se "esqueceu" de levar o inventário a custo (caso o item já tenha sido faturado) e com isso a margem da empresa ficou maior do que deveria e, para corrigirmos esse erro, devemos fazer o ajuste contra o resultado da empresa.

2. Que esse item foi desviado por fraude e sequer existe fisicamente, onde neste caso também deveria ser lançado contra o resultado, tomando-se ainda medidas cabíveis para indentificar o fraudador e as falhas existentes nos controles que permitiram tal ato.

Na coluna de principais variações, nos deparamos com a seguinte observação:

> $ 15 em erro de mapeamento, $ 9 em compras para o projeto GRU

Nesse exemplo, identificou-se um problema de erro de mapeamento de US$ 15 milhões que de forma incorreta "inflou" essa conta, quando na verdade esse montante deveria ter sido contabilizado no agrupamento "Contas a receber – clientes".

Ou seja, dado que no 2T'15 houve um erro de mapeamento de US$ 15 milhões, precisaríamos normalizar as linhas de Inventário e "Contas a receber – clientes", considerando os valores que deveriam ter sido contabilizados de forma correta, e analisar a variação de um trimestre contra o outro com base nessa lógica.

Logo, em fatores-chave a monitorar, a empresa ressalta que precisará verificar com detalhes as questões do saldo constante em ordens de produção há mais de 120 dias, assim como a respeito do erro de mapeamento, e precisa acompanhar, ou seja, *monitorar*, para que se tenha uma conclusão definitiva no tocante a esses dois tópicos de forma ágil, a fim de que qualquer ajuste necessário seja identificado e posto em prática para garantir o sucesso e a robustez de seus controles internos.

Atividades

1. Elabore um demonstrativo com as funções do *Controller* na empresa em que você atua, as habilidades requeridas para ocupar esse posto, e informe qual o seu enfoque de trabalho (operacional, tático ou estratégico).

2. Apresente um caso de uma empresa listada em bolsa que tenha passado por uma grave crise de confiança, perante o mercado, mas tenha tido sucesso em contornar essa situação, ressaltando quais foram as ações tomadas que a permitiram recuperar sua credibilidade.

3. Descreva um caso de uma empresa listada em bolsa que ainda esteja passando por uma grave crise de confiança, perante o mercado, e quais têm sido as consequências (que podem passar por diversas instâncias, tais como econômicas, reputacionais, em seu quadro funcional e na sociedade).

4. Tomando como base o "Cubo de controles internos criado pelo COSO", onde são correlacionados objetivos e componentes, elabore uma avaliação tomando como base uma empresa listada em bolsa ou a empresa na qual você atua, salientando aspectos positivos e negativos de cada um dos componentes ressaltados no cubo, e quais são as consequências nos objetivos da organização.

"A Lei Sarbanes-Oxley de 2002 reescreveu, literalmente, as regras para a governança corporativa, relativas à divulgação e à emissão de relatórios financeiros. Contudo, sob a infinidade de páginas da Lei, repletas de 'legalismos', reside uma premissa simples: a boa governança corporativa e as práticas éticas do negócio não são mais requintes – são leis."

Lei Sarbanes-Oxley:
Guia para melhorar a Governança Corporativa
através de eficazes controles internos.
Deloitte (2003)

03

A SOX COMO FERRAMENTA DE APOIO À GERAÇÃO DE VALOR ORGANIZACIONAL

3.1 A bolsa de valores americana

A bolsa de valores é o ambiente onde ações, títulos de renda fixa e públicos federais, moedas, *commodities* e derivativos financeiros, tais como opções de compra e venda de ações, e contratos futuros são negociados por vendedores e compradores (investidores) interessados em negociar valores e mercadorias.

Essa negociação visa, para a parte vendedora, levantar recursos que serão convertidos em investimentos e giro nas suas operações.

Para a parte compradora, visa proteger seu patrimônio (em operações de *hedge*) ou alavancá-lo quando se busca remuneração do investimento aportado através de dividendos ou pela venda futura de um ativo a um valor maior do que o adquirido no presente, o chamado ganho de capital.

Dentre as maiores bolsas de valores mundiais, a NYSE – *New York Stock Exchange*, situada em Wall Street, em Nova Iorque, nos Estados Unidos, é a maior do mundo, com cerca de 13,7 trilhões de dólares em capitalização de mercado.

Esse termo significa a soma dos valores de todas as ações, por preço de mercado, negociadas em determinada bolsa, sendo essa a principal métrica para se medir o tamanho e a consequente relevância de uma bolsa de valores.

Tabela 5 – Maiores bolsas de valores mundiais

Ranking 9/2012	Bolsa	Capitalização de Mercado (US$ bilhões)	Companhias Listadas
1	NYSE Euronext (EUA)	13.728	2.340
2	Nasdaq (EUA)	4.802	2.610
3	London SE (Inglaterra)	3.482	2.788
4	Tokio SE (Japão)	3.342	2.284
5	NYSE Euronext (Europa)	2.622	1.089
6	HKSE (Hong Kong)	2.534	1.533
7	Shanghai SE (China)	2.307	953
8	TMX (Canadá)	2.290	3.978
9	Deutsche Borse (Alemanha)	1.346	764
10	ASX (Austrália)	1.308	2.056
11	BSE (Índia)	1.244	5.163
12	NSE (Índia)	1.219	1.657
13	BM&FBovespa (Brasil)	1.186	367

Fonte: Revista *Exame* eletrônica (2012).

A NASDAQ (*National Association of Securities Dealers Automated Quotations*), também situada em Nova Iorque, é um mercado de ações de forma automatizada onde a maior parte das negociações está em pequena e média capitalização, em empresas de alta tecnologia nos setores como, por exemplo, de informática, eletrônica e biotecnologia.

Consolidadas, a NYSE e a NASDAQ representam 18,5 trilhões de dólares em capitalização de mercado.

Para que tenhamos a exata ciência do que isso significa, 18,5 trilhões de dólares são 14% a mais do que o PIB dos Estados Unidos, ou duas vezes mais do que o PIB da China, ou ainda o equivalente ao PIB do Japão, Alemanha, França, Reino Unido, Brasil e Itália... *juntos*!

Em outras palavras, as 13 maiores bolsas do mundo correspondem a mais de US$ 41 trilhões em capitalização de mercado, ou o equivalente a 55% de todo o PIB global (cerca de US$ 75 trilhões), de acordo com o Banco Mundial (2012).

Figura 18 – GDP 2012

Fonte: Banco Mundial (2013), com adaptação dos autores.

Como ressaltado anteriormente, as negociações nas Bolsas de Valores irão prosperar, apenas e tão somente, caso as operações sejam executadas em um ambiente seguro e transparente para os investidores, e dada a magnitude monetária das transações executadas, uma quebra de confiança ou temores quanto à solidez dos ativos, são imediatamente percebidos e trarão relevantes consequências para o mercado financeiro e para a sociedade, tanto quanto pior for essa sensação de insegurança.

Dito isso, vamos a um pouco da história do maior mercado de capitais do mundo... o americano.

Em 1792, através de um acordo firmado entre 24 corretores em Wall Street, nascia o que hoje conhecemos por NYSE, e esta já passou por graves crises desde a sua fundação.

Uma delas foi em 1873, quando especulações no mercado de transporte ferroviário geraram uma onda de pânico que tomou conta da sociedade e culminou no encerramento das atividades de várias empresas, e a NYSE fechou por 10 dias.

Em 1907, rumores sobre problemas financeiros relacionados a um dos maiores bancos de Nova Iorque trouxeram novos surtos de evasão de capital, se convertendo, até então, na pior crise americana.

Em 1914, com a Europa sendo engolida pelo cenário hostil da Primeira Grande Guerra Mundial, que durou até 1918, a NYSE fechou de novo suas portas, mas dessa vez por mais de 4 meses consecutivos, a maior interrupção desde a sua fundação.

Nos anos 1920, a Europa estava mergulhada em ruínas pós-guerra, enquanto os Estados Unidos prosperavam devido ao alto volume de produção e exportação durante o conflito, tanto que o presidente Herbert Hoover (de 1929 a 1933) comemorava que a América, nunca na história, esteve tão próxima da vitória com relação à pobreza quanto naquele momento.

Figura 19 – Herbert Hoover
31º Presidente dos Estados Unidos da América (1929-1933)

Contudo, o ano de 1929 vinha impregnado de alta expansão do crédito bancário inclusive para que as pessoas investissem na Bolsa de Valores, levando os americanos não só a investir, como também a especular financeiramente.

Aliado a isso, naquele momento era bastante limitado o grau de regulação e controle exercidos pelas autoridades monetárias sobre o sistema financeiro, contribuindo para a proliferação de bancos de pequeno e médio portes sem a devida supervisão do *Federal Reserve* (o equivalente ao Banco Central brasileiro), o que permitia um relacionamento com baixas restrições entre bancos comerciais e de investimento em operações de alto risco, comprometendo os recursos dos investidores (fenômeno que voltaria a se repetir em 2008 com a crise americana do *Subprime*).

Alertas de uma possível quebra de bancos e crise começavam a soar e, em setembro, a bolsa britânica entrou em colapso com a prisão de um famoso empresário britânico, Clarence Hatry, e de alguns dos seus colaboradores, por fraude e falsificação.

Em 29 de outubro de 1929, a bolsa americana cai drasticamente, episódio conhecido como ***The black Thursday*** (a quinta-feira negra), e o resultado foi a propagação de quebras nos Estados Unidos, a contração da produção, a explosão do desemprego, afetando 13 milhões de americanos, o PIB nominal caindo de US$ 103,7 bilhões em 1929 para US$ 56,4 bilhões em 1932, 11 mil bancos e 85 mil empresas falidas e salários reduzidos em 60%, levando essa era a chamar-se ***A Grande Depressão***.

No auge dessa crise, assume a presidência americana Franklin Roosevelt, em 1933, seguindo no poder por 4 mandatos consecutivos, até falecer, em 1945.

Durante seu governo, Roosevelt aplicou uma política de desenvolvimento baseada em investimentos estatais chamada de ***New Deal***, apresentando medidas econômicas e sociais visando, não somente, recuperar o país da pior crise de todos os tempos, como levá-lo a um patamar de prosperidade e austeridade.

No campo social, criou agências governamentais para fomentar a criação de novos empregos, fixou salários-mínimos, limitou a jornada de trabalho, ampliou o sistema de previdência social e levou energia elétrica e modernidade às regiões mais pobres do país.

Na esfera econômica, implementou mecanismos de controle de crédito, criou um banco para financiar as exportações e alcançou sucesso inegável ao sanear o setor bancário estabelecendo as bases da regulamentação do sistema financeiro entre 1933-1934, devolvendo a confiança no sistema e contribuindo para o crescimento da renda em 70% e redução pela metade do desemprego, em 1937.

Figura 20 – Franklin Roosevelt
32º Presidente dos Estados Unidos da América (1933-1945)

Em maio de 1896, Charles H. Dow criou o índice Dow Jones Industrial Average (*Dow Jones* ou DJIA), divulgando-o como um índice capaz de calcular de maneira bastante simples e compreensível para os interessados a média de preço das ações mais negociadas na bolsa de valores americanas e, com isso, ressaltando a atividade econômica e provendo indicações de tendências no curto e longo prazo.

No começo, esse cálculo utilizava dados de 12 empresas, mas, logo em seguida, passou para 20, sendo todas relacionadas ao setor ferroviário, fato que mudou em 1929 para as 30 empresas com maior expressividade em termos de operações em bolsa.

Hoje, a carteira do índice segue com 30 componentes, onde os pré-requesitos não são quantitativos em termos de expressão de volume de operações, mas levam em conta características como solidez, reputação, crescimento sustentável e o interesse da maior parte da população, sendo conhecidas como **ações blue chips americanas**.

Dentro desse indicador estão incluídas companhias dos setores de bens de capital, consumo, serviços financeiros e tecnologia.

Vale ressaltar que não faz parte do DJIA as empresas de transporte nem de serviços utilitários (tais como energia elétrica e água), pois estes são tratados em outros índices, também publicados pela S&P Dow Jones Indices LLC, e denominados respectivamente de Dow Jones Transportation Average e Dow Jones Utility Average.

O Dow Jones é publicado, desde outubro de 1896, pelo *The Wall Street Journal*, e segue sendo o índice mais observado e divulgado em periódicos, TV e Internet, dada a sua longevidade, credibilidade, simplicidade e capacidade informativa.

Figura 21 – DJIA: empresas que compõem o índice em outubro de 2014

Fonte: *Dow Jones Averages*, com adaptação dos autores.

É interessante observar que justamente por ser um índice criado em 1896, podemos buscar informações que remontam a um passado distante e traçar correlações de forma gráfica, como observamos na Figura 22, entre o que aconteceu na história e como se comportou o mercado acionário.

Os "anos dourados" americanos, onde a economia foi punjante de 1920 até 1928, o pânico generalizado que se instalou em 1929, que culminou com uma vertiginosa e contundente queda da economia refletida na Bolsa de Valores e outros indicadores econômicos e sociais, e que continuou a assolar os Estados Unidos até 1933, podem ser facilmente identificados.

Esse vale sombrio instaurado na economia, de 1929 a 1932, representou o equivalente a uma perda de 80% no índice de preços da NYSE. Em outras palavras, com a crise de confiança instaurada, os investidores desapareceram, e tanto estes quanto as empresas perderam o equivalente a 80% do seu patrimônio.

Tal queda só foi estancada quando da entrada de Franklin Roosevelt na presidência, fato esse que pode ser observado de forma quantitativa na mesma ilustração, ao analisarmos os dados de 1933 em diante.

Franklin Roosevelt se converteu em um dos três presidentes mais queridos e reconhecidamente aclamados nos Estados Unidos, ao lado de:

- George Washington: primeiro Presidente americano, um dos fundadores dos Estados Unidos e presidente da convenção que elaborou a Constituição Americana.

- Abraham Lincoln: 16º Presidente do país, que o liderou de forma bem-sucedida durante a maior crise interna dos Estados Unidos, a Guerra Civil Americana, preservando a União, abolindo a escravidão, fortalecendo o governo nacional e modernizando a economia.

Esse apreço pela gestão de Roosevelt deu-se por sua gestão, onde se observou uma maior preocupação com mecanismos de controle e regulação que foram gradualmente impelindo ao mercado financeiro maior nível de governança e, como resultado, a reconquista da confiança dos investidores.

Figura 22 – DJIA: índice de preços de 1920 a 1950

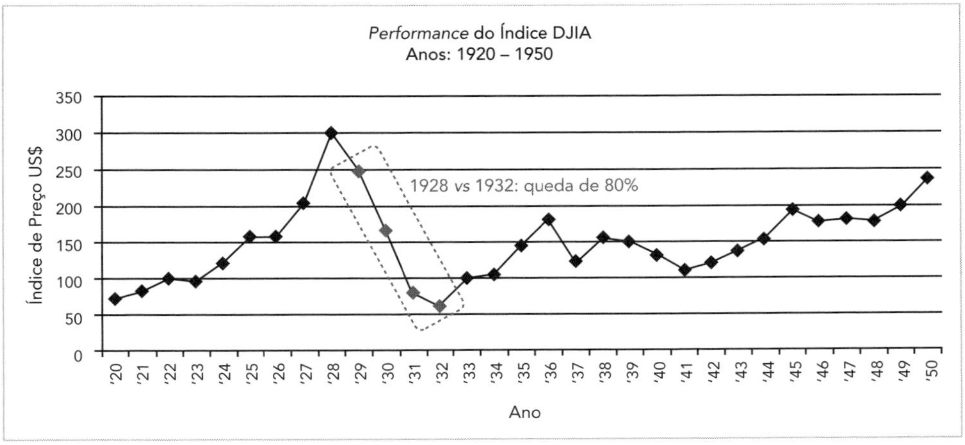

Performance do Índice DJIA
Anos: 1920 – 1950

1928 vs 1932: queda de 80%

Fonte: *Dow Jones Averages*, com adaptação dos autores.

3.2 Enron: ascensão, a verdade e a queda

Como vimos no Capítulo 1, seção 1.1, a Enron era considerada uma das maiores empresas dos Estados Unidos, sendo a 7ª no *ranking* da *Fortune 500* de 2001, com receita líquida de US$ 101 bilhões e valor de mercado de US$ 65 bilhões, tendo sido uma das maiores empresas de energia do mundo antes de se converter no maior caso de fraude corporativa da história americana.

A Enron nasceu em julho de 1985, quando da aquisição da Houston Natural Gas pela InterNorth, uma companhia de gás natural do Estado americano de Nebraska, que posteriormente mudou seu nome para Enron, sendo inicialmente uma empresa operadora de gasodutos, com mais de 37 mil quilômetros sob seu controle.

Em 1986, Kenneth Lay, antigo executivo da Houston, foi nomeado presidente da Enron, conduzindo-a em um processo de comercialização de gás como mercadoria padronizada a partir de 1989 e logo se tornando a maior empresa de gás natural nos Estados Unidos e na Grã-Bretanha.

Na primeira metade dos anos 1990, a Enron surfava em ambientes favoráveis, como econômico, regulatório (onde ela foi impulsionada pela decisão do Congresso Americano de liberar os mercados de eletricidade, podendo se beneficiar de flutuações expressivas de preços) e político (com forte influência em nomes com alto poder de decisão, incluindo os presidentes: Bush pai e filho, tendo contribuído ativamente em suas campanhas eleitorais).

De acordo com a publicação feita pela BBC Brasil (2002) sobre a história da Enron, em novembro de 1999, ela lançou um sistema global de transações na *web* chamado Enron Online que permitia que seus clientes (empresas americanas fornecedoras de energia) consultassem os preços da energia e fizessem transações instantaneamente, onde seu principal executivo era Jeffrey Skilling.

Com dois anos de existência, ocorriam diariamente 6 mil transações por dia no *site*, no valor de US$ 2,5 bilhões e, passados 10 anos atuando nesse segmento, a Enron já detinha 25% do mercado de *commodities* de energia, com mais de US$ 10 bilhões de ativos.

Até então, poucos observadores haviam se preocupado com a falta de transparência e constante crescimento da receita da companhia sem que se fossem comprovados fluxos de caixa que substanciassem a divulgação do aumento, mas pouco a pouco os analistas financeiros começaram a ficar inquietos.

O valor das ações da Enron chegou ao pico de US$ 84,97 em dezembro de 2000, contudo, no dia 15 de agosto de 2001, um empregado da companhia, chamado Sherron Watkins, mandou uma carta para Lay e buscou também a Arthur Andersen apontando problemas na contabilidade da Enron que poderiam ameaçar o seu futuro. Nem Lay nem a Andersen tomaram qualquer tipo de atitude.

Em 20 de agosto de 2001, Lay vendeu ações no valor de US$ 519 mil, e no dia 21 o equivalente a mais US$ 1,48 milhão.

Em 16 de outubro de 2001 a Enron divulgou perdas de US$ 638 milhões entre julho e setembro, e no dia 31 o processo de investigação da SEC, até então mantido no campo da consulta informal, foi transformado em uma investigação formal, enlouquecendo os analistas e o mercado, fazendo com que as ações despencassem para US$ 20.

A Enron se viu impelida a revisar seus balanços dos últimos cinco anos e, em 8 de novembro de 2001, anunciou que no lugar dos grandes lucros anteriormente apresentados havia perdido US$ 586 milhões.

A Moods e a Standard & Poors rebaixaram a classificação creditícia da Enron e clientes, investidores e bancos com maior vigor começaram a abandoná-la, fazendo com que suas ações esbarrassem nos US$ 7.

Em novembro de 2001, a Enron foi forçada a informar que atravessava uma situação desesperadora, com US$ 9 bilhões de dívida que precisava ser amortizada até 2002, sem que houvesse caixa suficiente para quitá-la, e as ações passaram a ser vendidas a US$ 1, sendo as operações tão intensas que se converteram em um recorde histórico para a Bolsa de Nova Iorque e para a Nasdaq.

Em 2 de dezembro 2001, a Enron pediu a proteção da Lei de Falência e proibiu seus funcionários de vender suas ações ligadas aos seus planos de aposentadoria.

Em janeiro de 2002, a Andersen demitiu o executivo David Duncan, que era o responsável pela auditoria da Enron, as ações da Enron foram retiradas da Bolsa de Nova Iorque, o principal executivo da empresa, Kenneth Lay, se demitiu e o Congresso promoveu audiência sobre o caso.

Ao longo do processo judicial ficou evidenciado que o esquema de Lay e Skilling estimulavam uma cultura que colocava a imagem da empresa e os preços das ações acima de qualquer coisa e a qualquer custo.

Ambos, junto com Andrew Fastow, Diretor Financeiro da companhia, estabeleceram um complexo esquema cujo objetivo era deixar de fora do balancete da empresa aquilo que poderia prejudicar sua lucratividade e, em conjunto com outras ações, fazer inflar, de forma artificial, os números da Enron, estimulando a elevação do preço das ações para poderem beneficiar-se com altos bônus e com a venda de suas ações.

Figura 23 – Ken Lay, Jeff Skilling e Andrew Fastow: Presidente da Enron e Chairman, Presidente da Enron Online e Diretor Financeiro da Enron

Dentre as trapaças efetuadas pela Enron a fim de promover a elevação indevida no preço das ações, temos:

- Contabilização de lucros estimados de vendas futuras registrados de forma prematura, ainda que ao final eles pudessem na verdade se converter em prejuízo ou simplesmente não se realizar, uma operação chamada de *mark-to-market* (marcação a mercado), ficando os números da empresa suscetíveis a todo tipo de manipulação por parte de seus administradores.
- Estabelecimento de sociedades de propósito específico (as *SPEs – Special Purpose Entities*), na qual os executivos da Enron eram os acionistas principais e das quais a Enron detinha apenas 3% do controle, descaracterizando a necessidade de consolidação com a Enron (por força da regra existente à época), as quais eram usadas para absorver prejuízos desta, assim como para fugir dos impostos americanos.
- Pressão sobre os analistas de mercado onde a Enron, por possuir grande volume de operações com os bancos, ao se sentir contrariada com algum comentário ou avaliação negativa, entrava em contato com seus empregadores e pedia que os analistas fossem demitidos, do contrário romperiam o vínculo comercial.
- Disfarce de empréstimos, onde, em 1999, a Merrill Lynch fingiu comprar três termelétricas da Enron na Nigéria, em conluio com seus executivos, quando, na verdade, a transferência de recursos do banco para a empresa configurava apenas um novo empréstimo. O banco ficou cinco meses com os ativos e depois os revendeu à empresa.

O truque serviu apenas para melhorar um balanço da Enron, reduzindo suas dívidas, propiciando elevação no preço de suas ações e a beneficiando para que ela captasse novos aportes de capital a custos menores.

Para encerrar o caso junto à SEC, a Merrill Lynch, sem admitir ou negar as alegações da denúncia, concordou em pagar US$ 80 milhões a um fundo utilizado para reembolsar vítimas de fraudes, assim como a ser um membro defensor e praticante das regulamentações antifraude, prezando pelo bom relato, registros e controles internos de acordo com as disposições das leis federais de valores mobiliários.

- Obtenção da cooperação dos auditores da Arthur Andersen, a empresa de auditoria mais antiga dos Estados Unidos, na aprovação de suas demonstrações financeiras, apesar de tantos efeitos de "contabilidade criativa" e na destruição de cerca de uma tonelada de documentos que poderiam depor contra a Enron e à própria Andersen.

  Em 2001, a Andersen recebeu US$ 52 milhões por serviços prestados à Enron, sendo que desse montante mais da metade foi oriunda de serviços de consultoria, levando a crer que não só a Andersen aprovava as artimanhas da Enron, bem como tinha participação ativa na estruturação das operações antiéticas.

- Uso de informação privilegiada, obtendo 1 bilhão de dólares com a venda de ações da empresa meses antes da falência, ao mesmo tempo em que diziam aos acionistas ou na TV que as perspectivas para a Enron eram excelentes, fazendo com que milhares de acionistas empobrecessem com a queda da Enron, sem saber o que verdadeiramente ocorria.

Comprovado todo o arcabouço fraudulento da Enron, a companhia sucumbiu, encerrando suas atividades, deixando 32.000 pessoas desempregadas e sem suas economias de fundo de pensão, que era a poupança de suas vidas avaliada em US$ 2 bilhões e estava na sua grande maioria lastreada em ações da Enron, e US$ 60 bilhões de prejuízo para os investidores.

Ken Lay foi acusado de conspiração, fraude e falso testemunho, e a sentença sairia em setembro de 2006. No entanto, Lay morreu aos 64 anos, de ataque cardíaco, em julho do mesmo ano.

Jeff Skillin foi condenado pelos crimes de conspiração, fraude, falso testemunho e uso de informação privilegiada, sendo punido com 14 anos de prisão e sentenciado a pagar US$ 42 milhões em danos ao fundo de pensão da Enron.

Andrew Fastow, cérebro do esquema das SPEs e das manipulações contábeis, apresentou-se voluntariamente para ajudar nas investigações e conseguiu aliviar sua sentença para cinco anos de prisão e US$ 24 milhões em pagamento por danos causados.

Figura 24 – Notícias no portal do FBI sobre Jeff Skilling, Andrew Fastow e Ken Lay

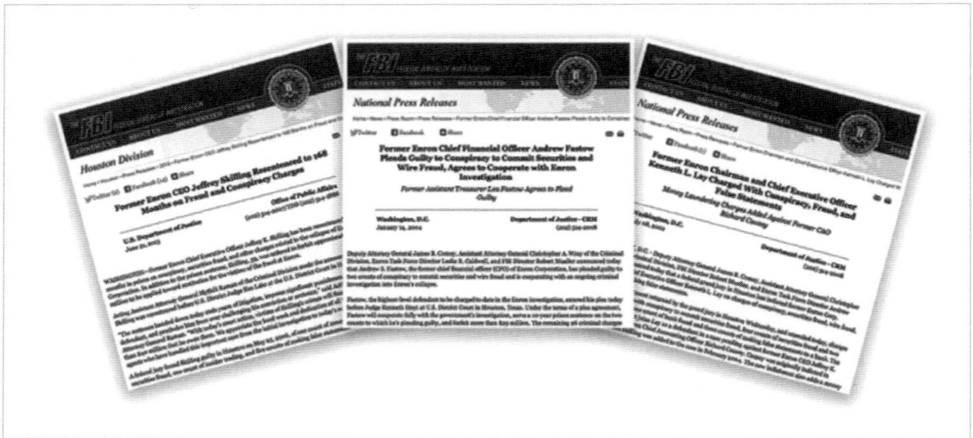

Fonte: The FBI (*Federal Bureau of Investigation* – EUA).

A SEC moveu processo de fraude civil contra a empresa de Contabilidade e Auditoria Arthur Andersen pela destruição de documentos relativos a auditorias feitas na Enron, o que mais tarde foi comprovado, levando essa companhia, uma multinacional que empregava 110.000 pessoas no mundo, também a encerrar suas operações.

Infelizmente, o escândalo da Enron não foi isolado e deu início a um efeito dominó de constatação de práticas semelhantes em várias outras empresas, não só americanas, gerando uma grave crise mundial e disparando uma evasão em massa de recursos das Bolsas de Valores em todo o globo.

3.3 A Lei Sarbanes-Oxley

De acordo com Vania Maria da Costa Borgerth (2007), em pesquisa realizada pela NYSE, em 2002, abrangendo um universo de 2.050 pessoas, foi revelado que o nível de confiança no mercado financeiro havia se reduzido consideravelmente com o episódio da Enron, sendo de apenas 5% o montante de entrevistados que responderam ter absoluta confiança nas informações divulgadas pelas companhias americanas.

Diante da perda de credibilidade e de uma eminente sangria, ainda maior, nos investimentos que migravam em velocidade para oportunidades mais seguras, o governo americano, através do Senador Paul Sarbanes (Democrata) e do Deputado Michael Oxley (Republicano), criou e aprovou, em julho de 2002, a Lei Sarbanes-Oxley (apelidada de SOX).

Essa lei visa dar uma resposta firme ao mercado quanto ao estabelecimento de novos mecanismos para assegurar o acesso a informação adequada, punindo de forma rigorosa os executivos que fraudem balanços com penas que podem custar não só milhões de dólares, como também até 25 anos de reclusão, objetivando, dessa forma, a restauração da confiança dos investidores e enfatizar a importância de padrões éticos na preparação e divulgação de informações ao mercado financeiro.

Figura 25 – Senador Paul Sarbanes e Deputado Michael Oxley – criadores da Lei Sarbanes-Oxley, sancionada em julho de 2002

Para muitos, o escândalo da Enron foi atribuído ao baixo poder dos Conselhos de Administração, o que foi mudado com os novos conceitos de Governança Corporativa oriundos da SOX, que seria o caminho para que novos escândalos fossem evitados através do monitoramento, fiscalização, transferência de poderes dos executivos para os conselhos e prestação de contas – *accountability* – no sentido conceitual do termo, ou seja, imputação de responsabilidade.

Contudo, para Ichak Adizes (2003), o termo *accountability* é muito mais amplo do que o comumente apregoado, não sendo apenas a capacidade de responsabilizar uma pessoa pela execução de uma tarefa e de sua prestação de contas, mas obrigatoriamente devendo satisfazer a três requisitos, sendo eles: a responsabilidade (a pessoa deve saber pelo que é responsável e aceitar essa incumbência), a autoridade (a pessoa deve ter poder ou influência para desempenhar as atividades sob sua responsabilidade) e a remuneração (a pessoa deve crer que é adequadamente recompensada para desempenhar as funções sob sua responsabilidade).

Então, imagine um Contador operacional de uma empresa terceirizada que tem a responsabilidade de registrar e elaborar relatórios contábeis de acordo com os princípios geralmente aceitos e efetua de forma adequada seu trabalho.

A empresa contratante possui um Diretor Financeiro que também é Contador e efetivamente é quem assina pelos números publicados pela empresa, mas que, em conluio com o Presidente, deliberadamente altera os números elaborados pelo Contador terceirizado, sem seu conhecimento, a fim de publicar para o mercado informações mais positivas e com isso alavancar o preço das ações, conferindo ao Diretor Financeiro e ao CEO um maior bônus.

A pergunta é: de acordo com a definição de Adizes devemos considerar o Contador terceirizado como *accountable*[1] por esse evento? A resposta é não.

Ele certamente foi o executor da tarefa de registrar e elaborar os números iniciais, mas dado que não tinha autoridade sobre o que foi publicado nem percebeu na sua remuneração benefício por deliberadamente alterar os números, não poderia ser considerado como *"accountable"*.

Em Betovem Coura e Alexandre Pavan (2014) encontramos que o maior objetivo dos mecanismos que seguem o princípio do *accountability* é fazer com que a empresa tenha congruência de objetivos, ou seja, fazer com que os objetivos individuais e corporativos sejam os mesmos, criando formas que façam todos olharem na mesma direção, e consequentemente reduzindo os problemas de agência, referidos no Capítulo 1, seção 1.2.

A SOX trouxe importantes mudanças na legislação, passando pela(o):

a) restrição do trabalho das empresas de auditoria;

b) aumento das penalidades criminais para os empresários e executivos que cometam irregularidades;

---

[1] *Accountable* – aquele que detém o "accountability", que é a soma de responsabilidade, autoridade e a percepção de ser adequadamente remunerado pelas suas atividades.

c) elevação do grau de responsabilidade dos diretores de empresas públicas com ações em bolsa;

d) instituição de novas proteções para os investidores; e

e) criação do *PCAOB (Public Company Accounting Oversight Board)*, um conselho de supervisão contábil, ligado à SEC e responsável pela fiscalização do trabalho dos auditores externos, com poderes para investigar e disciplinar o setor, com amplo acesso aos livros fiscais da companhia.

Logo, a partir da promulgação da SOX, a boa Governança Corporativa deixou de ser uma opção, passando a ser mandatória, alcançando não só as empresas norte-americanas com ações nas bolsas de valores, como por exemplo a americana General Electric, como também as empresas estrangeiras com recibos de ações *American Depositary Receipt (ADR)* negociados na bolsa dos Estados Unidos, como por exemplo a brasileira Natura Cosméticos.

A SOX possui 11 Capítulos e 69 Seções, onde os Capítulos são divididos da forma a seguir, para os quais é apresentado, na sequência, um breve resumo com alguns pontos-chave, e poderemos observar que vários deles foram "inspirados" nas lições aprendidas com o caso Enron.

Tabela 6 – Os Capítulos da SOX

Capítulos	Título
Capítulo I	Criação do Órgão de Supervisão do Trabalho dos Auditores Independentes
Capítulo II	Independência do Auditor
Capítulo III	Responsabilidade Corporativa
Capítulo IV	Aumento do Nível de Divulgação de Informações Financeiras
Capítulo V	Conflito de Interesses de Analistas
Capítulo VI	Comissão de Recursos e Autoridade
Capítulo VII	Estudos e Relatórios
Capítulo VIII	Prestação de Contas das Empresas e Fraudes Criminais
Capítulo IX	Aumento das Penalidades para Crimes de Colarinho Branco
Capítulo X	Restituição de Impostos Corporativos
Capítulo XI	Fraudes Corporativas e Prestação de Contas

Fonte: Borgerth (2007).

Capítulo I – Criação do Órgão de Supervisão do Trabalho dos Auditores Independentes

Cria o **PCAOB *(Public Company Accounting Oversight Board)***, entidade privada sem fins lucrativos, sob a supervisão da SEC, cuja missão é supervisionar o trabalho das empresas de auditoria externa nas companhias abertas, de forma a garantir a proteção do patrimônio dos investidores e a preparação e publicação de relatórios de auditoria que sejam informativos, acurados e independentes.

É também responsável pelo registro das empresas de auditoria, o estabelecimento dos padrões dos seus trabalhos, incluindo procedimentos, controle de qualidade, ética e padrões de independência, assim como a condução de inspeções nas suas rotinas e a investigação e procedimentos disciplinares.

Capítulo II – Independência do Auditor

Mesmo antes do episódio da Enron a SEC já demonstrava preocupações com o crescimento dos serviços não relacionados à auditoria que as empresas de auditoria executavam para os seus clientes, colocando em risco sua independência, dado que, se uma empresa presta consultoria sugerindo ao seu cliente o que fazer em determinada situação, qual seria seu grau de independência em auditá-la, dado que estaria auditando um procedimento implantado que foi sugerido pela própria empresa de auditoria?

Dessa forma, a SOX, neste capítulo, veta que uma empresa de auditoria preste os seguintes serviços aos seus clientes:

a) guarda de livros;

b) desenho e implementação de sistemas de informação financeira;

c) cálculo do valor econômico, opinião sobre o valor justo ou participação em relatórios afins;

d) serviços atuariais;

e) serviços de auditoria interna;

f) funções administrativas;

g) recursos humanos;

h) corretagem;

i) serviços legais;

j) opinião técnica.

Qualquer serviço não constante na lista acima poderá ser prestado pela empresa de auditoria, desde que devidamente pré-aprovado pelo Comitê de Auditoria da companhia, previsto no Capítulo III da Lei.

Além disso, o Capítulo II demanda que:

a) haja rodízio do sócio encarregado a cada 5 anos;

b) a auditoria externa se reporte ao Comitê de Auditoria; e

c) se o Presidente, *Controller*, Diretor Financeiro, Diretor Contábil ou qualquer pessoa em cargo semelhante, na empresa auditada, já tiver trabalhado na empresa de auditoria, esta só poderá auditar este cliente após 1 ano da saída do referido profissional da empresa de auditoria, a fim de evitar conflito de interesse.

Capítulo III – Responsabilidade Corporativa

Estabelece que as empresas abertas, negociantes na bolsa de valores americana, incluindo as estrangeiras, implementem um Comitê de Auditoria para desvincular o serviço dos auditores externos da Diretoria Financeira da companhia auditada.

Esse Comitê deve ser composto por pessoas independentes, havendo pelo menos um especialista financeiro.

Esse órgão deve estar subordinado ao Conselho de Administração, possuindo dotação orçamentária própria e com autonomia para contratar serviços que possibilitem a adequada execução de suas atividades, tais como serviços legais e de consultoria para opinar sobre a administração e os auditores externos.

As atividades do Comitê de Auditoria envolvem:

- selecionar a empresa de auditoria externa, supervisionar seus trabalhos e aprovar a contratação de serviços adicionais;
- resolver conflitos entre a administração da empresa e os auditores externos no tocante às demonstrações contábeis;

- criar mecanismos para que denúncias sobre fraudes possam ser apresentadas sem qualquer tipo de retaliação contra o denunciante.

Tudo isso com vistas ao objetivo maior que é o de mitigar a possibilidade de conluio entre a administração e a auditoria independente.

No caso das empresas brasileiras, a CVM obteve da SEC autorização para que o Conselho Fiscal (organismo já utilizado por empresas brasileiras) atue como o Comitê de Auditoria, mas o Conselho Monetário Nacional brasileiro obriga que as instituições financeiras possuam o referido Comitê.

Um tópico importante a pontuar neste capítulo é a Seção 302 (que anda de mãos dadas com as Seções 404 e 906, respectivamente constantes nos Capítulos 4, sobre o aumento do nível de divulgação de informações financeiras, e o 9, a respeito do aumento das penalidades para crimes de colarinho branco).

A Seção 302 fala sobre a certificação dos controles internos, onde o Presidente (CEO) e o Diretor Financeiro (CFO) precisam, a cada trimestre, assinar uma carta, chamada de "certificação", e apresentá-la junto com a divulgação de seus relatórios financeiros à SEC, atestando para o público interessado (investidores, credores, fornecedores, empregados e governo) que:

a) ambos conhecem e revisaram as informações fornecidas pela companhia;

b) estas informações correspondem à verdade, tendo sido elaboradas de boa-fé e sem qualquer interesse de enganar ou ludibriar;

c) todas as informações apresentadas representam todos os aspectos relevantes a serem conhecidos sobre a companhia, incluindo suas subsidiárias;

d) como administradores da empresa, têm consciência de sua responsabilidade em estabelecer e prezar pela manutenção efetiva de seus controles internos e que avaliam essa efetividade periodicamente a cada trimestre antes de assinar essa certificação e divulgar informações relevantes sobre a empresa;

e) fizeram chegar aos membros da auditoria externa e do Comitê de Auditoria todos os fatores relevantes referentes a deficiências em seus controles internos que pudessem de forma material impactar nas informações divulgadas e, dessa forma, induzir o público interessado em uma ação adversa, assim como qualquer tipo de fraude, material ou não, envolvendo qualquer empregado que tenha participação ou ingerência nos controles internos.

Existem algumas curiosidades a respeito desta Seção.

Quando do episódio da Enron, um argumento muito utilizado pelos envolvidos nas fraudes era o de que não tinham conhecimento do que se passava, e que como executivos, não possuíam a visibilidade dos "pormenores" (forma pela qual tratavam os controles internos e a contabilidade da organização) do que se passava.

Outro fator é que a Lei SOX estabelece um padrão de carta a ser assinada, a título de certificação, pelo Presidente e pelo Diretor Financeiro, referente à Seção 302, que não pode ser alterado em nenhum parágrafo, o que limita os executivos a alterarem seu conteúdo, e como necessitam assinar, responsabilizando-se pelas informações prestadas e estando estes sujeito a penas, agora previstas em lei específica, a fim de garantir a veracidade das informações prestadas, realmente precisam garantir a solidez dos seus controles, o que é ressaltado na Seção 404.

Sobre as penalidades aos executivos que prestarem informações falsas, a Seção 906 pode lhes impor multa de US$ 1 milhão e prisão de até 10 anos nos casos sem dolo e US$ 5 milhões e prisão de até 20 anos nos casos onde comprove-se dolo.

A Seção 304 prevê o confisco de bônus e participação nos resultados da empresa, caso comprovadas omissões ou negligências relevantes, por parte do CEO e do CFO, devendo estes devolverem as referidas remunerações aos cofres da empresa, o que também inclui lucros provenientes de venda de títulos e ações no mercado mobiliário.

A Seção 306 busca coibir o uso de informações privilegiadas, à medida que proíbe os administradores da empresa a realizarem operações de compra e venda por 3 dias seguidos, caso mais que 50% dos participantes do fundo de pensão da empresa estejam proibidos de realizar tais operações.

Capítulo IV – Aumento do Nível de Divulgação de Informações Financeiras

Com o objetivo de eliminar os resultados *"off-balance"* (fora das demonstrações financeiras publicadas) e consequentemente os estratagemas bolados pela Enron com suas SPEs, a Seção 401 da SOX determinou a criação de padrões específicos para tratar dessa evidenciação.

Por essa razão, o FASB emitiu o pronunciamento FIN 46 em 2003, exigindo a consolidação dos resultados financeiros, com base na essência econômica da relação entre as sociedades, passando a incluir dados relevantes que antes não eram demonstrados e dessa forma comprometiam a compreensão da real situação financeira e patrimonial da companhia.

Esse capítulo também aborda pontos relevantes como:

- a restrição de empréstimos a executivos (Seção 402);
- o cadastro referente a diretores, executivos e acionistas junto à SEC, sempre que estes possuírem mais do que 10% do capital da empresa e sua periódica atualização (Seção 403);
- a necessidade de a empresa divulgar se possui um código de ética e, nesse caso, disponibilizá-lo na Internet (Seção 406);
- a divulgação quanto à existência de um especialista financeiro em seu Comitê de Auditoria (Seção 407);
- a necessidade de a SEC revisar com profundidade os relatórios periódicos das empresas quando da ocorrência de situações relevantes, como por exemplo quando uma empresa efetuar ajustes materiais nos seus demonstrativos ou quando o preço da ação estiver sofrendo muita volatilidade em comparação ao de outras (Seção 408);
- o requerimento de comunicar ao mercado, imediatamente, caso haja um fato relevante, assim como os impactos financeiros esperados na situação da companhia (Seção 409).

Contudo, era a Seção 404, sobre avaliação anual dos controles e procedimentos internos para emissão de relatórios financeiros, a que mais preocupava os administradores, dado que representava um impacto significativo em termos de esforço e investimento, por justamente tratar da avaliação dos controles prevista na Seção 302, onde CEO e CFO atestam sua efetividade, e na Seção 906, que trata das penalidades por informações falsas prestadas, independentemente de ter havido, ou não, dolo.

Com relação à Seção 404, a SEC faculta às empresas a utilização de qualquer padrão de controle interno, mas recomenda a adoção do *COSO*, cuja metodologia já provou abranger as dimensões demandadas pela SOX, assim como sugere a adoção do **COBIT** (*Control Objectives for Information and Related Technology*) para fins de implantação de controles dos sistemas de informação.

A certificação da Seção 404 demanda que as empresas incluam em seus relatórios anuais um relatório sobre os controles e procedimentos internos para emissão dos relatórios financeiros, onde a administração declare sua responsabilidade pelo estabelecimento e manutenção desses controles, que avalia e que informe sobre a sua efetividade, assim como que declare que o auditor independente da companhia atestou e reportou a avaliação feita pela administração.

Capítulo V – Conflito de Interesses de Analistas

Conforme mencionado no Capítulo 3, seção 3.2, um grave problema encontrado nos escândalos contábeis, incluindo o da Enron, foi que os investidores estavam recebendo indicações de compra por parte dos analistas setoriais, responsáveis por analisar o mercado e opinar sobre oportunidades de investimento, contudo, esses analistas eram empregados de bancos que eram credores dessas empresas fraudulentas e eles tinham interesse de que estas possuíssem uma boa avaliação que lhes garantisse uma evolução positiva na bolsa de valores, o que configurava conflito de interesse entre as partes.

Dessa forma, a Seção 501, regulamentada em julho de 2003, aprovou grandes mudanças, tais como a necessidade dos analistas de certificarem que seus relatórios refletem com precisão as suas opiniões pessoais, assim como revelar se eles receberam remuneração para efetuarem alguma recomendação específica.

Capítulo VI – Comissão de Recursos e Autoridade

Neste capítulo são estabelecidos os poderes e deveres no tocante à atuação da SEC, assim como se define um orçamento que possa cobrir o aumento das despesas da Comissão.

Capítulo VII – Estudos e Relatórios

Determina que a Controladoria Geral Americana se responsabilize por realizar estudos e investigações referentes à fusão de grandes empresas de auditoria independente, atuação das agências de *rating* (classificação de risco) e de bancos de investimento e o envolvimento de profissionais relacionados a fraudes contábeis ocorridas no período de janeiro de 1998 a dezembro de 2001.

Capítulo VIII – Prestação de Contas das Empresas e Fraudes Criminais

Estabelece as penas aos fraudadores, em especial com relação à destruição, alteração ou falsificação de documentos, assim como por obstrução de justiça, e determina a obrigatoriedade de proteção e garantias de não retaliação a empregados que realizarem denúncias ou colaborarem em investigações de fraude.

Capítulo IX – Aumento das Penalidades para Crimes de Colarinho Branco

Trata das penalidades conhecidas como crimes de colarinho branco, fazendo uma referência a crimes corporativos, tais como conspirações, crime pelo correio ou telefone, crimes de violação do direito de aposentadoria dos empregados, e provê diretrizes para a penalização a administradores que usarem de má-fé ou derem declarações falsas nos Certificados 302 e 404, com multa de US$ 1 milhão e prisão de até 10 anos nos casos sem dolo e US$ 5 milhões e prisão de até 20 anos nos casos onde comprove-se dolo.

Capítulo X – Restituição de Impostos Corporativos

Determina que a declaração de imposto de renda da companhia seja assinada pelo CEO.

Capítulo XI – Fraudes Corporativas e Prestação de Contas

Estabelece outras penalidades relativas às fraudes corporativas, tais como multa e pena de até 20 anos de prisão pela adulteração ou destruição de documentos, congelamento de contas de empresas, proibição da participação de executivos envolvidos em fraudes em conselhos e diretorias de companhias abertas e pena de até 10 anos para casos de retaliação a colaboradores que forneçam informações sobre fraudes.

É fato que a Lei Sarbanes-Oxley trouxe um emaranhado de exigências que imputa às empresas elegíveis mais trabalho e, por conta disso, maior oneração nos investimentos em controles internos.

Contudo, dado que em teoria nenhum administrador estaria inclinado a proceder certificações sem ter a certeza de que as informações prestadas correspondem à verdade, sob penas explicitadas em lei, o que se espera com esta é um maior rigor autoimpelido e regulado pelas próprias companhias, ou seja, eles estariam efetivamente assumindo o *accountability* por completo no tocante a questões relacionadas à boa Governança Corporativa.

Atividades

1. Quais os custos médios de implementação dos controles internos, demandados pela SOX no ano da sua publicação? Quais os custos médios atuais em que as empresas incorrem e qual o motivo da variação dos mesmos?

2. As empresas de auditoria estão muito mais regulamentadas após a implementação da SOX. Para os auditores, quais as principais mudanças que a nova lei trouxe e quais são as variáveis de maior atenção dos mesmos a fim de que não incorram em infrações perante a nova regulamentação?

3. Estude a BOVESPA e ressalte elementos tais como:

    a) a data da sua criação;

    b) quantas empresas atualmente negociam de forma pública;

    c) as 10 maiores empresas listadas em bolsa, com ações sendo comercializadas, e quanto elas perfazem do total do volume negociado em bolsa;

    d) o percentual de pessoas físicas que investem em títulos negociados na Bolsa;

e) em linhas gerais, o rito para ter os papéis da empresa comercializados em Bolsa (em termos burocráticos e de tempo) e quanto, em média, uma operação de abertura de capital custa financeiramente para uma companhia.

4. Estudar a NYSE e responder às mesmas questões citadas no item 3.

"Chamamos de Ética o conjunto de coisas que as pessoas fazem quando todos estão olhando. O conjunto de coisas que as pessoas fazem quando ninguém está olhando chamamos de Caráter."

Oscar Wilde, escritor

04

PADRÃO DE GOVERNANÇA CORPORATIVA

4.1 General Electric – EUA

4.1.1 História

Em 1878, Thomas Edison fundou a *Edison Electric Light Company*, nos Estados Unidos.

Em 21 de outubro de 1879, em seu laboratório de Menlo Park, em Nova Jersey (EUA), ele inventou a primeira lâmpada incandescente com filamentos de carbono comercialmente viável e, no mesmo ano, em conjunto com sua equipe, desenvolveu o primeiro dínamo, capaz de fornecer energia elétrica para iluminar um bairro inteiro.

Em 1882, Thomas Edison lançou seu primeiro negócio de energia e construiu a primeira Central de Energia dos Estados Unidos, em Nova Iorque (EUA), com o nome de *Edison Electric Illuminating Company*.

Em 1890, a primeira fábrica de lâmpadas incandescentes foi fundada por Thomas Edison em Menlo Park, Nova Jersey (EUA), e em 1892, a partir da fusão entre a *Edison General Electric Company* e a *Thomson-Houston Company*, uma empresa concorrente liderada por Charles A. Coffin, nasce a General Electric Company, sendo presidida por Charles de 1892 a 1922.

Figura 26 – Thomas Edison e Charles Coffin

Fonte: GE (2014).

Colocando a eletricidade para trabalhar em larga escala, a GE criou em 1895 as maiores locomotivas elétricas da época, com 90 toneladas e transformadores de 800 kw, e logo, em 1896, Eliu Thomson, da GE, construiu o primeiro equipamento elétrico para a produção de raio x.

Em 1900 é registrada a marca GE (monograma), permitindo que ela seja facilmente reconhecida, e é inaugurado em Schenectady, Nova Iorque (EUA), o Laboratório de Pesquisas da GE, um protótipo do Centro de Pesquisas Global.

São inúmeras e relevantes as colaborações da GE à ciência e à inovação tecnológica, e citaremos algumas, extraídas do *site* da GE, no tocante à sua história:

- 1902: Criação do ventilador elétrico, estendendo a aplicação da energia elétrica para ventilação, por James J. Wood, um engenheiro da GE.
- 1906: Primeira transmissão de rádio do mundo graças ao alternador de alta frequência desenvolvido pelo engenheiro da GE Ernst F. W. Alexanderson.
- 1909: Criação do filamento de tungstênio, por William D. Coolidge, do laboratório de pesquisas da GE, tornando a lâmpada incandes-

cente de Edison mais eficiente (material este que é usado até hoje na produção de lâmpadas).

- 1914: Abertura do Canal do Panamá com motores e controles de energia projetados pela GE, dando início às atividades da maior instalação elétrica do mundo.

- 1917: Produção do primeiro refrigerador hermeticamente fechado, uma tecnologia que permite aumentar o tempo de conservação dos alimentos, representando um grande avanço para os consumidores.

- 1918: Invenção do Magnetrom por Albert Hull, engenheiro da GE. Tratava-se de um novo tipo de tubo a vácuo, que foi a base para o desenvolvimento da tecnologia do forno micro-ondas.

- 1921: Novo recorde de altitude (40.800 pés) é conquistado por um avião equipado com um supercarregador projetado pelo pesquisador da GE Sanford Moss.

- 1927: A primeira recepção de televisão em um lar (em Schenectady, Nova Iorque, EUA), com sinais enviados pela WGY, estação de rádio da GE.

- 1937: Howard Hughes atinge o recorde de realizar um voo transcontinental com duração de 7 horas, 28 minutos e 25 segundos usando um avião com supercarregador GE.

- 1938: A GE inventa a lâmpada fluorescente.

- 1945: A GE faz demonstração do primeiro uso comercial do radar, permitindo que navios possam navegar com segurança num raio de 20 milhas.

- 1959: As inovações da GE no ramo da iluminação continuam com a invenção da lâmpada de halogênio, que proporciona uma luz mais nítida e branca, com um tamanho menor.

- 1962: Bob Hall, cientista da GE, inventa o *laser* de estado sólido.

Essa descoberta possibilitou a criação de várias tecnologias usadas hoje em dia, como o CD, a impressora a *laser* e a comunicação por meio de fibras óticas.

- 1962: Construção de um ímã supercondutor que supera a barreira de 100.000 gauss, um nível de intensidade magnética que anos antes teria parecido inalcançável.

  Essa inovação, juntamente com outras descobertas dessa época, foi essencial para desenvolver as atuais técnicas de diagnóstico médico por imagem da ressonância magnética.

- 1969: Fornecimento de várias tecnologias para a chegada do homem à Lua, incluindo suporte de engenharia, instalações para testes e o silicone para as botas de Neil Armstrong.

- 1971: Aliança estratégica entre GE e Snecma introduzindo no mercado o motor CFM56, instalado atualmente em mais de um quarto dos aviões de todo o mundo.

- 1976: Desenvolvimento do primeiro tomógrafo computadorizado, capaz de elaborar fotografias detalhadas de áreas internas do corpo humano a partir da conjugação de múltiplas imagens.

- 1992: Construção de um observador para explorar Marte em parceria com a NASA, para que se possa estudar o clima e a geologia do planeta, bem como mapear seu solo e topografia em preparação para um pouso no futuro.

- 1999: Lançamento do GE90-115B, até hoje, o motor para aviões comerciais mais potente do mundo.

- 2000: Introduzido no mercado o GE Innova 2000, primeiro equipamento de raio x digital que elabora imagens cardiovasculares com clareza e detalhes incomparáveis, sendo utilizado para diagnóstico e em procedimentos intervencionais, como cirurgias.

- 2001: A GE Medical Systems introduz no mercado um equipamento inovador em diagnóstico por imagem: o GE Discovery LS.

  Esse produto possibilita um diagnóstico precoce e com mais precisão para pacientes com câncer, permitindo assim que médicos possam traçar o melhor tratamento para seus pacientes.

- 2003: Testes de desempenho do primeiro H System, um sistema que integra turbinas a gás, turbinas a vapor e um gerador, otimizando o desempenho de cada componente, começam em Baglan Bay, no País de Gales.

O equipamento é desenhado para oferecer 60% a mais de eficiência térmica.

No mesmo ano, as locomotivas GE Evolution Series, que cumprem com os requisitos ambientais dos Estados Unidos, começam seus primeiros testes de operação.

- 2004: A Boeing escolhe a turbina GEnx para seus aviões 787 Dreamliner e 747-8, versões avançadas de seu avião 747 jumbo.

A GEnx apresenta alto nível de eficiência no consumo de combustível e menores taxas de ruído e emissão de poluentes.

Também em 2004, a LMS100, a turbina a gás mais eficiente do mundo, é desenvolvida a partir da parceria entre quatro unidades de negócio da GE e outras três empresas.

Essa foi a primeira vez em que a GE uniu componentes das turbinas a gás da GE Power Systems às turbinas aeroderivativas da GE Aviation.

- 2006: A GE Healthcare lança o Discovery VCT, o primeiro equipamento PET/CT de 64 cortes.

Esse sistema combina a tecnologia de tomografia computadorizada da GE com sua tecnologia PET (tomografia por emissão de pósitrons), líder de mercado.

Coordenando essas duas tecnologias de diagnóstico por imagem, o Discovery VCT possibilita aos médicos identificar com mais precisão doenças coronárias e outros quadros, como câncer e problemas neurológicos.

- 2007: A GE cria o primeiro protótipo de locomotivas híbridas, a GE Evolution, que captura a energia dissipada durante a frenagem e a armazena em baterias.

Essa energia pode ser usada como fonte de combustível, permitindo uma redução de consumo em até 18% e de emissões em 55% em comparação com modelos anteriores.

- 2008: Engenheiros da GE desenvolvem o LightSpeed CT750, o primeiro equipamento de tomografia computadorizada com imagens em alta definição.

  Ele é 100 vezes mais rápido que modelos anteriores, representando um grande avanço na detecção precoce do câncer.

- 2009: Pesquisadores da GE e Eli Lilly desenvolvem uma tecnologia que pode, pela primeira vez, mapear simultaneamente 25 proteínas em tumores no nível subcelular, criando um grande avanço no desenvolvimento de tratamentos de câncer.

- 2009: O Centro de Pesquisas Global da GE recebe pela segunda vez fundos do National Human Genome Research Institute para continuar sua pesquisa por uma solução de sequenciamento de DNA mais rápida e de menor custo.

  Essa tecnologia pode melhorar o diagnóstico, prevenção e tratamento de doenças no futuro.

- 2010: A GE lança as lâmpadas LED Energy Smart, criadas para substituir as lâmpadas incandescentes convencionais.

  Essas lâmpadas são mais eficientes que as incandescentes, consumindo 77% menos energia e tendo até 22 anos de vida útil.

- 2010: A GE lança o WattStation, que permite a rápida recarga de veículos elétricos e pode ter aplicação doméstica ou comercial.

  Em conjunto com a Petrobras, lança a primeira turbina à base de etanol do mundo para a produção de energia elétrica em escala comercial.

- 2014: Inaugura a construção de seu quinto Centro de Pesquisas Global, no Rio de Janeiro, no Brasil.

Um fato bastante interessante é que uma companhia que iniciou suas operações praticamente em um galpão teve por duas vezes seus pesquisadores como ganhadores do Prêmio Nobel.

A primeira vez foi em 1932, com Irving Langmuir, o primeiro cientista industrial dos Estados Unidos a receber esse prêmio, em química, pelo desenvolvimento de tubos de vácuo, *spots* incandescentes de alta densidade e controles elétricos.

A segunda vez foi em 1973, com o Dr. Ivar Giaever, pesquisador da GE, recebendo o prêmio em física pela descoberta do fenômeno de tunelamento em semicondutores e supercondutores, abrindo um novo campo de pesquisa e a tecnologia para visualizar átomos e detectar minúsculos campos magnéticos.

Figura 27 – Irving Langmuir e Dr. Ivar Giaever, pesquisadores da GE e ganhadores do Prêmio Nobel de Química e Física, respectivamente

Fonte: GE (2014).

Hoje, a GE é uma das maiores e mais diversificadas empresas de infraestrutura e serviços financeiros do mundo.

Segundo o *ranking* da *Forbes Global 2000* de 2014 (que leva em consideração dados de 2013 para receita líquida, lucro e ativos, e de 1º de abril de 2014 para valor de mercado), a GE ocupa o 7º lugar entre as 2.000 maiores empresas globais listadas em Bolsa.

Como fato curioso, a Petrobras, maior empresa brasileira, aparece na lista em 30º lugar, com vendas de US$ 141,2 bilhões, Lucro de US$ 10,9 bilhões, Ativos de US$ 319,2 bilhões e Valor de Mercado de US$ 86,8 bilhões.

Figura 28 – As 10 maiores empresas do mundo, listadas em Bolsa

POSIÇÃO	EMPRESA	PAÍS	VENDAS	LUCROS	ATIVOS	VALOR DE MERCADO
1	ICBC	China	148,7	42,7	3.124,9	215,6
2	China Construction Bank	China	121,3	34,2	2.449,5	174,4
3	Agricultural Bank of China	China	136,4	27	2.405,4	141,1
4	JPMorgan Chase	EUA	105,7	17,3	2.435,3	229,7
5	Berkshire Hathaway	EUA	178,8	19,5	493,4	309,1
6	Exxon Mobil	EUA	394	32,6	346,8	422,3
7	General Electric	EUA	143,3	14,8	656,6	259,6
8	Wells Fargo	EUA	88,7	21,9	1.543	261,4
9	Bank of China	China	105,1	25,5	2.291,8	124,2
10	PetroChina	China	328,5	21,1	386,9	202

10 MAIORES EMPRESAS COM AÇÕES EM BOLSA / Valores em bilhões de dólares.

Fonte: Forbes Global 2000 (2014).

A seguir, detalhamos as divisões de negócios da GE, com um breve resumo do que oferece cada segmento.

- *GE Capital*: serviços que incluem empréstimos e arrendamentos comerciais, gestão de frotas, programas financeiros, e cartões de crédito dentre outros, também desenvolvendo parcerias estratégicas e *joint-ventures* que demandam conhecimentos específicos da GE nos setores de aviação, energia, infraestrutura e serviços de saúde a fim de capitalizar oportunidades de mercado.

- *Power & Water*: líder no campo de desenvolvimento, implementação e melhoria de produtos e tecnologias que utilizam recursos como energia eólica, petróleo, gás e água para produzir energia elétrica, assim como soluções para purificação da água.

- *Aviation*: produz e vende motores a jato, turbo-hélices e eixo turbo e peças de substituição, para uso nas forças armadas, e aviões comerciais, além de oferecer serviços de manutenção e reparo.

- *Healthcare*: líder em tecnologias médicas de imagem e informação, diagnóstico médico, sistemas de monitoramento de pacientes, descoberta de drogas e tecnologias de fabricação biofarmacêutica, dedicando-se a prever e detectar as doenças mais cedo, monitorar seu progresso e informar aos médicos, buscando ajudá-los a planejar o tratamento para os pacientes.

- *Oil & Gas*: produz equipamentos para a indústria global de óleo e gás, usados em aplicações que abrangem toda a cadeia de valor, desde a perfuração de um poço até a produção, oferecendo ainda serviços como, por exemplo, de inspeção de dutos e monitoramento e controle de poços.

- *Appliances & Lighting*: a divisão de *Appliances* produz eletrodomésticos como geladeiras, *freezers*, fogões elétricos e a gás, *cooktops*, máquinas de lavar louça, lavadoras de roupas e secadoras, fornos de micro-ondas e condicionadores de ar.

    A divisão de Lighting fabrica uma variedade de lâmpadas para os mercados comerciais, industriais e de consumo, incluindo linhas completas de lâmpadas incandescentes, halógenas, de descarga de alta intensidade fluorescente, LED e automotivas.

- *Energy Management*: projeta e fabrica produtos para a distribuição de energia elétrica e controle, painéis de iluminação e energia, interruptores e disjuntores, e presta serviços para a entrega, gestão, conversão e otimização da energia elétrica, tais como engenharia, inspeção e manutenção.

- *Transportation*: fabrica locomotivas de alta potência, a diesel e elétricas, oferecendo também soluções de sinalização, gerenciamento da malha, otimização dos ativos e serviços de manutenção.

Além disso, a GE possui 5 centros de pesquisa no globo, estando eles localizados nos Estados Unidos, Índia, China, Alemanha, e o mais recente, inaugurado em 2014, no Rio de Janeiro – Brasil.

De acordo com o Relatório Anual de 2013, publicado pela GE, suas unidades de negócios tiveram o resultado conforme demonstrado na Tabela 7.

Tabela 7 – GE – demonstração do resultado consolidado

Negócios	2013 Receita[1]	2013 Lucro[2]	2012 Receita[1]	2012 Lucro[2]	2011 Receita[1]	2011 Lucro[2]	2010 Receita[1]	2010 Lucro[2]	2009 Receita[1]	2009 Lucro[2]
GE Capital	44.067	8.258	45.364	7.345	48.324	6.480	49.163	3.083	51.065	1.364
Power & Water	24.724	4.992	28.299	5.422	25.675	5.021	24.779	5.804	27.389	5.592
Aviation	21.911	4.345	19.994	3.747	18.859	3.512	17.619	3.304	18.728	3.923
Healthcare	18.200	3.048	18.290	2.920	18.083	2.803	16.897	2.741	16.015	2.420
Oil & Gas	16.975	2.178	15.241	1.924	13.608	1.660	9.433	1.406	9.683	1.440
Appliances & Lighting	8.338	381	7.967	311	7.693	237	7.957	404	7.816	360
Energy Management	7.569	110	7.412	131	6.422	78	5.161	156	5.223	144
Transportation	5.885	1.166	5.608	1.031	4.885	757	3.370	315	3.827	473
Corporate[3]	(1.624)	(11.421)	(1.491)	(9.190)	2.993	(6.397)	14.496	(5.569)	13.940	(4.691)
Total	146.045	13.057	146.684	13.641	146.542	14.151	148.875	11.644	153.686	11.025

1 - Receita Líquida
2 - Resultado Operacional Líquido
3 - Itens corporativos, eliminações, juros e outras cobranças, provisão para imposto de renda e lucros/prejuízos com operações descontinuadas.

Fonte: GE Relatório Anual (2013).

4.1.2 Reconhecimentos

Como vimos no Capítulo 3, seção 3.1, o índice Dow Jones (DJIA) foi publicado, pela primeira vez, em maio de 1896 com 12 empresas compondo o índice, dentre elas a General Electric, que é a única empresa que permaneceu nesse índice desde a sua publicação, até os dias de hoje, evidenciando suas características de solidez, reputação, crescimento sustentável, e sendo de interesse da maior parte da população, ou seja, reconhecidamente uma *ação blue chip americana*.

A GE cresceu predominantemente a partir de sua base de conhecimentos tecnológicos, tornando-se uma empresa altamente diversificada em tecnologia, assim como reconhecidamente ocupando uma posição de liderança em termos de governança, fatores que contribuíram para o seu desenvolvimento econômico.

São constantes os reconhecimentos públicos feitos à GE, e listamos alguns deles:

- Empresas Mais Éticas do Mundo

    Instituto Ethisphere, listada desde 2007, quando o índice começou a ser publicado, até 2014 (data da publicação mais recente).

- Empresas Mais Admiradas do Mundo

    Fortune, 2006 (#1), 2007 (#1), 2008 (#2), 2009 (#9), 2010 (#16), 2011 (#14 no total; #1 em eletrônica), 2012, 2013 (#11), 2014 (2014: #10 no total; #1 em eletrônica).

- Empresas Mais Respeitadas do Mundo

    Barron's magazine, 2008 (#11), 2009 (#43), 2010 (#74), 2011 (#48), 2012 (#54), 2013 (#58).

- Melhores Empregadores

    Asia Society, 2011 e 2012.

- Práticas Mais Inovadoras

    Asia Society, 2011 e 2012.

- Excelência em Liderança – Top 500

    HR.com e Leadership Excellence, 2014 (#1 das companhias de grande porte).

4.1.3 Governança

Os negócios da GE são conduzidos por seus funcionários, administradores e executivos, sob a direção do diretor-presidente (CEO) e a supervisão do Conselho de Administração, para aumentar o valor de longo prazo da companhia para seus acionistas.

O Conselho de Administração é eleito pelos acionistas para supervisionar a gestão e para assegurar que seus interesses de longo prazo estão sendo respeitados.

Ao Conselho compete a supervisão direta dos maiores riscos aos quais a empresa está suscetível situados nas áreas estratégica, operacional e reputacional, e, de acordo com os princípios de Governança estabelecidos pela GE, seu Conselho estabeleceu alguns Comitês para auxiliá-lo na gestão desses riscos, sendo estes:

- Comitê de Auditoria

    Gere os riscos relacionados aos relatórios financeiros desde sua preparação, monitorando e avaliando, inclusive, os sistemas de informação financeira, até sua publicação, o cumprimento de regulamentações específicas (tais como os princípios contábeis demandados) e as auditorias interna e externa.

- Comitê de Desenvolvimento Gerencial e de Compensação

    Supervisiona os riscos relacionados à remuneração dos executivos da companhia.

- Comitê de Governança e Relações Públicas

    Gerencia os riscos relacionados à Governança Corporativa e às políticas de relação com investidores, meio ambiente, saúde e segurança no trabalho.

- Comitê de Risco

    Responsável pela gestão dos riscos estratégicos, operacionais, de mercado, liquidez, financiamento, crédito, inerentes aos produtos, instruções, políticas e processos.

- Comitê de Ciência e Tecnologia

    Gere as volatilidades relacionadas a ameaças oriundas de mudanças tecnológicas e na inovação de produtos.

A GE supervisiona sua estrutura em termos de processos e riscos no sentido de identificá-los, avaliá-los e mitigá-los, em quatro distintas categorias:

1. Riscos Estratégicos

    Relacionados com os planos da companhia referentes a negócios futuros, incluindo volatilidades associadas aos mercados nos quais a empresa atua, a demanda por seus produtos e serviços, as ameaças competitivas, tecnologia e inovação de produtos, fusões, aquisições e políticas públicas.

2. Riscos Operacionais

    Referem-se a questões que possam afetar o funcionamento da empresa, tais como sistemas, processos, pessoas e eventos externos, incluindo, por exemplo, o ciclo de vida dos produtos, seu desempenho e segurança, a gestão da informação e segurança cibernética, interrupção dos negócios, recursos humanos e reputação.

3. Riscos Financeiros

Associados à capacidade de cumprir as obrigações financeiras e de mitigar o risco de crédito, de liquidez e de exposição ao mercado, incluindo a volatilidade das taxas de câmbio, de juros e de preços de *commodities*.

O risco de liquidez refere-se à potencial incapacidade de cumprir as obrigações financeiras contratuais ou contingentes e poderia impactar a solidez da organização.

O risco de crédito é a possibilidade de perdas financeiras decorrentes de uma contraparte (exemplo: cliente) não cumprir com as suas obrigações contratuais.

4. Riscos Regulatórios e de *Compliance*

O risco legal e de conformidade são referentes a questões decorrentes de governo e ambiente regulatório e no tocante ao cumprimento das políticas e procedimentos de integridade, incluindo as relativas a relatórios financeiros, ambientais, de saúde e segurança no trabalho e propriedade intelectual.

O risco de governo e regulatório inclui impactos oriundos de ações governamentais ou regulamentares que poderão impor custos adicionais à empresa, o que poderia levar à decisão de mudar modelos de negócios ou práticas.

De acordo com o Formulário 10-K da GE, refente ao exercício de 2013, os riscos são identificados através dos processos da companhia, sendo priorizados, e dependendo da probabilidade e da gravidade do risco, são escalados para o **CRO – *Chief Risk Officer*** (Chefe-Executivo de Risco), devendo ser discutidos e direcionados ao líder mais adequado para gerir esse risco de forma a definir a melhor estratégia relacionada a este. Ou seja, bastante alinhado com o que vimos no Capítulo 2, seção 2.3, ao estudarmos a metodologia COSO.

Dependendo da natureza do risco envolvido, a empresa poderá optar por uma ampla variedade de formas de mitigação, incluindo a delegação de autoridade, padronização de processos, revisões no planejamento estratégico e operacional, seguro e *hedging*, monitoramento de flutuações na atividade econômica e demanda do cliente ajustando a capacidade, a implementação de reduções de custos e engajamento em fusões, aquisições e vendas.

4.1.4 SOX Seção 302 – Certificação pessoal do CEO e CFO

As leis federais americanas exigem que as empresas de capital aberto divulguem informações em uma base contínua apresentando relatórios anuais no Formulário 10-K, relatórios trimestrais no Formulário 10-Q e relatórios com fatos relevantes no Formulário 8-K.

O relatório anual no Formulário 10-K oferece uma visão abrangente da condição empresarial e financeira da empresa e inclui demonstrações financeiras auditadas. Apesar de nome semelhante, o relatório anual no Formulário 10-K é distinto do "relatório anual aos acionistas".

É interessante observar que antes de a Lei SOX ter sido sancionada, em 30 de julho de 2002, não havia qualquer tipo de obrigatoriedade por parte das empresas de certificar a responsabilidade pessoal do CEO e do CFO no tocante aos controles internos da companhia e à acurácia dos números reportados.

Encontramos nos arquivos da SEC documento referente ao exercício de 2001, onde a General Electric afirma, sob juramento do seu CEO, Jeff Immelt, que as informações financeiras publicadas nos Formulários 10-K, 10-Q e 8-K da companhia correspondem à verdade e que o conteúdo dessa afirmação foi revisado com o Comitê de Auditoria.

Ou seja, a GE, mesmo sem a obrigatoriedade legal da certificação pessoal de seus administradores, sai na frente para deixar claro ao mercado que seus executivos são responsáveis pelas demonstrações financeiras da companhia.

Figura 29 – Juramento de Jeff Immelt, CEO da GE à SEC – exercício de 2001

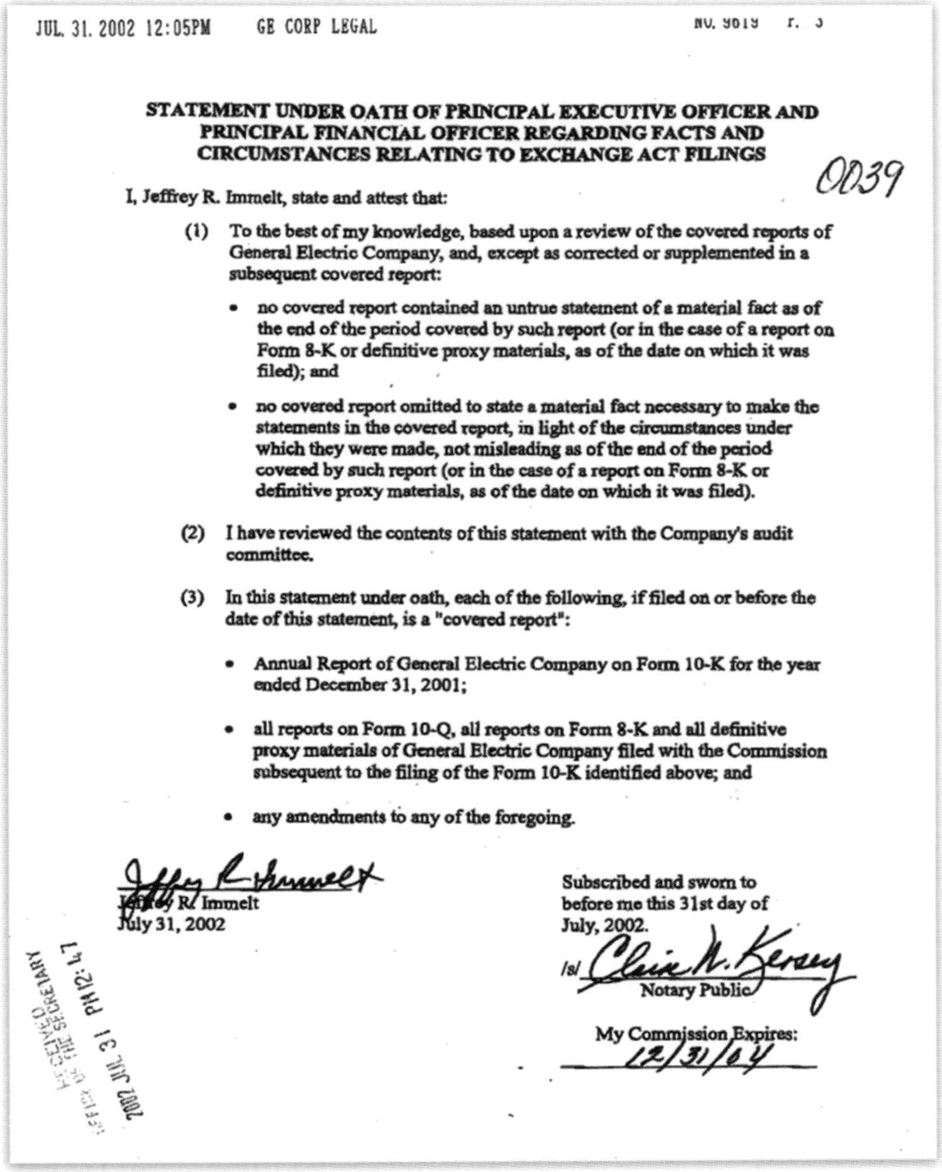

JUL. 31. 2002 12:05PM GE CORP LEGAL NO. 9019 P. 3

STATEMENT UNDER OATH OF PRINCIPAL EXECUTIVE OFFICER AND PRINCIPAL FINANCIAL OFFICER REGARDING FACTS AND CIRCUMSTANCES RELATING TO EXCHANGE ACT FILINGS

0039

I, Jeffrey R. Immelt, state and attest that:

(1) To the best of my knowledge, based upon a review of the covered reports of General Electric Company, and, except as corrected or supplemented in a subsequent covered report:

- no covered report contained an untrue statement of a material fact as of the end of the period covered by such report (or in the case of a report on Form 8-K or definitive proxy materials, as of the date on which it was filed); and
- no covered report omitted to state a material fact necessary to make the statements in the covered report, in light of the circumstances under which they were made, not misleading as of the end of the period covered by such report (or in the case of a report on Form 8-K or definitive proxy materials, as of the date on which it was filed).

(2) I have reviewed the contents of this statement with the Company's audit committee.

(3) In this statement under oath, each of the following, if filed on or before the date of this statement, is a "covered report":

- Annual Report of General Electric Company on Form 10-K for the year ended December 31, 2001;
- all reports on Form 10-Q, all reports on Form 8-K and all definitive proxy materials of General Electric Company filed with the Commission subsequent to the filing of the Form 10-K identified above; and
- any amendments to any of the foregoing.

Jeffrey R. Immelt
July 31, 2002

Subscribed and sworn to before me this 31st day of July, 2002.
/s/ Claire N. Kersey
Notary Public
My Commission Expires:
12/31/04

RECEIVED
OFFICE OF THE SECRETARY
2002 JUL 31 PM 12:47

Fonte: SEC (2002).

A partir do exercício de 2002, dada a entrada em vigor da SOX, é que observamos a implantação da certificação da Seção 302 no Formulário 10-K da General Electric, onde, tanto o CEO, Jeff Immelt, quanto o então CFO, Keith Sherin, notadamente assinam a certificação dentro das orientações e especificações demandadas em lei, a partir de então fazendo menção à qualidade dos controles internos da companhia.

Figura 30 – Certificação 302 de Jeff Immelt, CEO da GE – exercício de 2002

Fonte: GE Relatório 10-K (2002).

Figura 31 – Certificação 302 de Keith Sherin,
CFO da GE – exercício de 2002

CERTIFICATION

I, Keith S. Sherin, certify that:

1. I have reviewed this annual report on Form 10-K of General Electric Company;

2. Based on my knowledge, this annual report does not contain any untrue statement of a material fact or omit to state a material fact necessary to make the statements made, in light of the circumstances under which such statements were made, not misleading with respect to the period covered by this annual report;

3. Based on my knowledge, the financial statements, and other financial information included in this annual report, fairly present in all material respects the financial condition, results of operations and cash flows of the registrant as of, and for, the periods presented in this annual report;

4. The registrant's other certifying officers and I are responsible for establishing and maintaining disclosure controls and procedures (as defined in Exchange Act Rules 13a-14 and 15d-14) for the registrant and have:

    a) designed such disclosure controls and procedures to ensure that material information relating to the registrant, including its consolidated subsidiaries, is made known to us by others within those entities, particularly during the period in which this annual report is being prepared;

    b) evaluated the effectiveness of the registrant's disclosure controls and procedures as of a date within 90 days prior to the filing date of this annual report (the "Evaluation Date"); and

    c) presented in this annual report our conclusions about the effectiveness of the disclosure controls and procedures based on our evaluation as of the Evaluation Date;

5. The registrant's other certifying officers and I have disclosed, based on our most recent evaluation, to the registrant's auditors and the audit committee of registrant's board of directors (or persons performing the equivalent functions):

    a) all significant deficiencies in the design or operation of internal controls which could adversely affect the registrant's ability to record, process, summarize and report financial data and have identified for the registrant's auditors any material weaknesses in internal controls; and

    b) any fraud, whether or not material, that involves management or other employees who have a significant role in the registrant's internal controls; and

6. The registrant's other certifying officers and I have indicated in this annual report whether there were significant changes in internal controls or in other factors that could significantly affect internal controls subsequent to the date of our most recent evaluation, including any corrective actions with regard to significant deficiencies and material weaknesses.

Date: March 7, 2003

/s/ Keith S. Sherin
_____

Keith S. Sherin
Chief Financial Officer

Fonte: GE Relatório 10-K (2002).

4.1.5 SOX Seção 404 – Certificação sobre os Controles Internos

No caso da GE, a seguir demonstramos tanto a declaração dos administradores quanto a de seus auditores, KPMG, evidenciando a certificação referente à Seção 404, com base no relatório financeiro 10-K de 2013.

Figura 32 – Certificação da Seção 404
por parte da GE – exercício de 2013

Management's Annual Report on Internal Control Over Financial Reporting

Management is responsible for establishing and maintaining adequate internal control over financial reporting for the Company. With our participation, an evaluation of the effectiveness of our internal control over financial reporting was conducted as of December 31, 2013, based on the framework and criteria established in Internal Control—Integrated Framework issued by the Committee of Sponsoring Organizations of the Treadway Commission in 1992.

Based on this evaluation, our management has concluded that our internal control over financial reporting was effective as of December 31, 2013.

Our independent registered public accounting firm has issued an audit report on our internal control over financial reporting. Their report follows.

JEFFREY R. IMMELT
Chairman of the Board and
Chief Executive Officer
February 27, 2014

JEFFREY S. BORNSTEIN
Senior Vice President and
Chief Financial Officer

2013 ANNUAL REPORT

Fonte: GE – Relatório Anual (2013).

Figura 33 – Certificação da Seção 404
por parte da KPMG – exercício de 2013

In our opinion, the consolidated financial statements referred to above present fairly, in all material respects, the financial position of General Electric Company and consolidated affiliates as of December 31, 2013 and 2012, and the results of their operations and their cash flows for each of the years in the three-year period ended December 31, 2013, in conformity with U.S. generally accepted accounting principles.
Also in our opinion, the Company maintained, in all material respects, effective internal control over financial reporting as of December 31, 2013, based on criteria established in Internal Control—Integrated Framework (1992) issued by COSO.

Our audits of the consolidated financial statements were made for the purpose of forming an opinion on the consolidated financial statements taken as a whole. The accompanying consolidating information appearing on pages 71, 73 and 75 is presented for purposes of additional analysis of the consolidated financial statements rather than to present the financial position, results of operations and cash flows of the individual entities. The consolidating information has been subjected to the auditing procedures applied in the audits of the consolidated financial statements and, in our opinion, is fairly stated in all material respects in relation to the consolidated financial statements taken as a whole.

KPMG LLP
Stamford, Connecticut
February 27, 2014

2013 ANNUAL REPORT

Fonte: GE – Relatório 10-K (2013).

Note, no primeiro parágrafo, a menção feita pela KPMG de que a General Electric utiliza a metodologia COSO (*Internal Control – Integrated Framework*, de 1992) para balizar sua estrutura de controles internos.

4.1.6 O processo da GE para garantir a Certificação SOX 404

Em estudo publicado pela Deloitte (2003) sobre a melhoria da Governança Corporativa, são sugeridas algumas etapas para que se estabeleça um programa de controles internos que permitirão a certificação quanto à Seção 404 da Lei SOX.

Essas etapas são:

a) Planejar o Programa

Envolve a formação de equipe de gerenciamento do programa de desenvolvimento de controles internos, cujo dimensionamento do contingente necessário deverá ser determinado levando-se em consideração o porte e a complexidade da empresa.

Essa equipe tem como missão o planejamento dos trabalhos, o que envolve a definição dos objetivos, escopo, enfoque e custos, assim como a definição do grau de confiabilidade dos atuais controles internos da companhia.

Essa confiabilidade pode ser categorizada conforme a Figura 34.

Figura 34 – Modelo de Confiabilidade dos Controles Internos

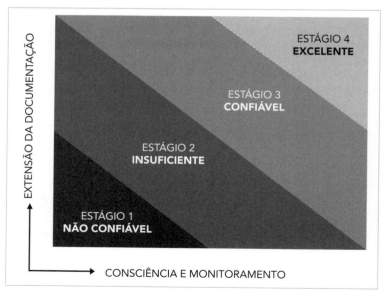

Fonte: Deloitte (2003).

Essa modelagem servirá como embasamento de discussão entre equipe, administradores e auditores para que se possa avaliar o *status* dos controles internos da empresa, provendo uma adequada certificação.

Uma empresa que possui controles internos classificados no estágio 1 (não confiável) ou no estágio 2 (insuficiente) não possui as características suficientes para suportar a certificação SOX 404, pois ela se encontraria em fases onde identificaríamos deficiências, como, por exemplo:

- Controles, políticas e procedimentos não foram adotados nem documentados ou, se foram adotados, não foram completamente documentados.
- Há imperfeições no procedimento de divulgação, seja pela inexistência do processo em si, seja pela ausência da documentação relacionada.
- Há falhas quanto à consciência dos funcionários a respeito de suas responsabilidades em relação às atividades de controle.
- A eficácia operacional das atividades de controle não é avaliada periodicamente, ou, se é, não está adequadamente documentada.
- As deficiências dos controles não são identificadas, ou se são, não são corrigidas prontamente.

Atingir o estágio 3 significa que os controles internos da companhia são confiáveis, contudo, isso não significa o fim do processo, dado que a intenção da Lei Sarbanes-Oxley é que as empresas atinjam o estágio 4.

No estágio 4, a Governança Corporativa alcançaria níveis excelentes de controles internos, onde a tecnologia seria utilizada para monitorar os controles internos em tempo real, permitindo uma mecânica de autoavaliação, melhorias e correções com velocidade e de alta qualidade.

b) Avaliar o Ambiente de Controle

O ambiente de controle é o pilar de todos os demais componentes dos controles internos, como vimos no Capítulo 2, seção 2.3, sendo eles a avaliação de riscos, as atividades de controle, informação e comunicação e o monitoramento.

Esse ambiente de controle é fortemente impactado por toda documentação escrita (tais como políticas e procedimentos), mas a cultura da companhia tem um valor e impacto significativo, onde fatores tais como estilo da liderança, integridade e engajamento do Conselho de Administração desempenham fator decisivo na avaliação dessa matéria.

c) **Definir o Escopo**

Essa fase visa identificar, documentar e priorizar os riscos relacionados com a emissão e a divulgação de relatórios financeiros para que a equipe envolvida no projeto possa estabelecer os controles para direcionar esses riscos.

d) **Construir um Repositório de Controles**

Esse repositório funciona como um grande banco de dados que é acessado, trimestral e anualmente, pelos administradores, a fim de embasar suas certificações referentes às Seções 302 e 404.

Nele estarão contidos a documentação sobre os objetivos de controle, o desenho e a implementação das atividades de controle e os métodos para testar a eficácia dessas atividades.

e) **Executar Testes Iniciais e Contínuos**

Estágio no qual a eficácia operacional das atividades de controle será avaliada para assegurar que estas estão sendo executadas de forma apropriada, que há medidas de mitigação adequadas para ineficiências encontradas nos controles internos e que existirão, de forma sustentável, avaliações recorrentes nos controles internos para assegurar uma contínua e diligente certificação, conforme demanda a SOX.

f) **Monitorar**

Em geral, é uma atribuição da área de Auditoria Interna monitorar a efetividade da estrutura de controles internos para garantir a acurada emissão de relatórios financeiros, contudo, caso não possua essa estrutura, uma empresa pode contar com o auxílio da própria equipe de gerenciamento dos controles internos nessa tarefa.

Em seu *site* sobre Governança e *Compliance*, a GE declara que adotou políticas contábeis mais rígidas e dedica seus recursos para assegurar que estas são aplicadas corretamente e de forma consistente em todo o mundo.

A companhia mantém um sistema dinâmico de controles internos e procedimentos destinados a garantir a manutenção confiável do registro financeiro, relatórios transparentes e proteção adequada de sua propriedade física e intelectual.

Os *Controllers* de cada negócio da GE e da sua matriz realizam revisões regulares do balanço patrimonial (conhecidas como *Balance Sheet Reviews*) e das reconciliações das contas contábeis e discutem problemas e melhores práticas nas reuniões regulares do Conselho de Controladoria da companhia.

A equipe de liderança sênior de finanças supervisiona a aplicação de políticas contábeis e regularmente discute métricas de controladoria, bem como as novas políticas contábeis durante as reuniões do Conselho de Finanças.

A GE possui uma equipe de auditoria interna composta de mais de 550 integrantes e realiza milhares de monitoramentos financeiros, de *compliance* e de controles internos a cada ano em todos os seus negócios, no mundo.

Um banco de dados centralizado é usado para rastrear o histórico das auditorias efetuadas, descrevendo as ineficiências encontradas e os processos de melhoria de controles internos.

A Auditoria Interna da GE (conhecida como *Corporate Audit Staff*) reporta diretamente ao Comitê de Auditoria do Conselho de Administração, bem como ao CEO e CFO.

Além disso, 300 parceiros da KPMG LLP, firma de auditoria externa da GE, trabalham na condução das revisões de auditoria estatutárias.

O Comitê de Auditoria da GE analisa suas métricas de controladoria, incluindo a reconciliação de contas contábeis, os resultados das auditorias internas e o processo de certificação da Seção 404 da Lei Sarbanes-Oxley.

Os CEOs e CFOs dos negócios da GE têm assinado cartas de representação que certificam seus resultados financeiros durante anos, muito antes de a Lei Sarbanes-Oxley fazer dessas cartas uma exigência legal.

O compromisso da GE com a boa Governança permitiu à companhia completar sua avaliação dos controles internos sobre os relatórios financeiros, que é exigido pela Seção 404 da Lei Sarbanes-Oxley, atestando que seus controles internos são eficazes.

4.1.7 SOX Seção 406 – O Código de Ética da GE

A General Electric possui um código de ética chamado *"The Spirit & The Letter"* (O Espírito & O Texto) que deve ser seguido por seus funcionários ou por qualquer outra pessoa que represente a GE (consultores, agentes, representantes de vendas, distribuidores e prestadores de serviço), e este objetiva pautar a intenção da companhia em ampliar e perpetuar suas operações, mas de maneira absolutamente ética.

Para explicarmos como funciona o código, vamos partir de trás para frente, ou seja, começaremos pela parte do "Texto" (*The Letter*).

A respeito deste, o código foi estabelecido com políticas de integridade para que o contingente da GE sempre opere da maneira certa, e nele estão incluídos os seguintes tópicos:

1. Pagamentos indevidos: nunca praticar suborno (aceitar ou oferecer).

2. Propriedade intelectual: proteger as inovações da GE.

3. *Compliance* comercial internacional: não permitir que bens, tecnologias ou serviços da GE cheguem a pessoas ou locais proibidos.

4. Trabalhando com o governo: nunca se desviar do contrato.

5. Leis da concorrência: não celebrar acordos de fixação de preços com concorrentes, viciar licitações ou repartir clientes, projetos ou territórios.

6. Práticas de emprego justas: tratar todos os colaboradores com justiça, tomando como base a meritocracia.

7. Controladoria: documentos, comunicações e transações devem ser 100% precisos e honestos.

8. Segurança de privacidade cibernética: respeitar os direitos de privacidade e proteger as informações, redes e produtos da GE dos riscos cibernéticos.

9. Ambiente, saúde e segurança (EHS) – seguir os procedimentos e estar alerta para os perigos relacionados.

Contudo, a GE reconhece que não há formas de um código de ética abranger 100% de todas as situações com as quais um indivíduo pode deparar e tampouco existe uma regra específica para cobrir de forma exaustiva tudo o que se pode, o que não se pode e o "como" se deve fazer.

Assim, muitas vezes é necessário o uso do bom senso, ou, no linguajar da GE, o uso do "Espírito" (*The Spirit*), e este é pautado por quatro regras que buscam auxiliar a equipe a sempre a agir da forma adequada:

1. Ser honesto, justo e confiável em todas as suas atividades e relações na GE.
2. Obedecer as leis e regulamentações aplicáveis que governam os negócios da GE em todo o mundo.
3. Cumprir a obrigação de ser a Voz da Integridade e informar imediatamente qualquer questão sobre *compliance* para com a lei, com a política da GE ou com esse código.
4. O *compliance* simples é o *compliance* mais eficiente. Um *compliance* eficiente é uma vantagem competitiva. Trabalhe para que a empresa opere do modo mais competitivo possível – com velocidade, responsabilidade e *compliance*.

O preceito estabelecido no item 2 é simples: Se está escrito, ou seja, se há uma lei, uma regulamentação ou uma política, precisa ser cumprida.

Se um funcionário ou representante da GE discordar, não pode simplesmente desobedecer. Ou executa da forma demandada, ou precisaria encerrar seu relacionamento com a companhia.

Da mesma forma, se a GE discordar de algum requerimento de um governo local, por exemplo, não pode simplesmente ignorá-lo. Ou ela cumpre ou deve optar por encerrar suas operações no país.

Não há uma terceira hipótese, pois não estar "*compliant*"[1] não é uma escolha.

---

[1] *Compliant* é o adjetivo correspondente a *compliance*, e significa estar em dia com determinada obrigação.

Figura 35 – *The Spirit & The Letter*: o código de ética da GE

Fonte: GE (2014).

Contudo, ao deparar com uma situação de difícil decisão, que a GE considera como "área cinza", o colaborador deveria se autoquestionar:

- Como essa decisão seria considerada por outras pessoas dentro e fora da GE?
- Estou disposto a ser responsabilizado por essa decisão?
- Isso é consistente com o Código de ética da GE?

Se as respostas para as perguntas anteriores forem positivas, não havendo qualquer dúvida da decisão a ser tomada, o membro da GE deveria seguir adiante.

Contudo, a GE enfatiza que mesmo após o autoquestionamento, ainda podem pairar dúvidas sobre a decisão a ser tomada e, nesse caso, o colaborador precisaria compartilhar o fato com um superior ou com as áreas legal ou de ouvidoria, por exemplo, buscando uma definição colegiada.

Um ponto bastante interessante no código "O Espírito e O Texto" é a preocupação da GE com a solidez de seus controles internos.

O referido código de ética aborda, em passagens tais como a mencionada a seguir, aspectos relativos à *eficácia e eficiência das operações, à importância da confiabilidade dos relatórios e informações prestadas pela empresa e ao cumprimento das leis e regulamentos vigentes.*

> "A contabilidade e a prestação de contas da GE refletirão com fidelidade a substância econômica das atividades comerciais da empresa, sendo consistentes com princípios contábeis, padrões e regulamentações geralmente aceitos, para o relato de informações contábeis e financeiras.
>
> Prepararemos informações financeiras atualizadas, precisas e completas para uso em relatórios para gerência, investidores, reguladores e outros acionistas.
>
> Asseguraremos que as decisões da gerência sejam baseadas em análises econômicas fortes, baseadas em fatos completos, com a devida consideração dos riscos de curto e longo prazo.
>
> Cumpriremos todas as políticas da empresa, além das leis e regulamentações aplicáveis, relacionadas com a preservação de documentos e registros."

Jeff Immelt – Presidente do Conselho e CEO – e Jeff Bornstein – Vice-Presidente e CFO da GE – assinaram o relatório anual da companhia de 2013, incluindo a seguinte mensagem (tradução dos autores):

> "'O Espírito & O Texto' exige conformidade com a legislação e políticas, e diz respeito a temas importantes como a defesa da integridade financeira, buscando que conflitos de interesse sejam evitados.
>
> Este código de ética está disponível em 29 idiomas, e é fornecido para todos os nossos empregados, mantendo cada um deles responsável pelo *compliance* corporativo. Nossa forte cultura de *compliance* reforça esses esforços, exigindo que os funcionários levantem quaisquer questões de falta de conformidade e proibindo qualquer tipo de retaliação por isso.
>
> Para facilitar uma comunicação aberta e sincera, designamos um serviço de ouvidoria em toda a companhia, agindo como recursos independentes para relatar preocupações com integridade ou *compliance*.

Nós mantemos nossos conselheiros, consultores, agentes e prestadores de serviço seguindo os mesmos padrões de integridade."

Atividades

1. Selecione uma empresa, listada na BOVESPA, com boa Governança Corporativa e demonstre quais os princípios seguidos que a tornam reconhecida nesse quesito.

2. O índice Dow Jones (DJIA) foi publicado, pela primeira vez, em maio de 1896, com 12 empresas compondo o índice, dentre elas a General Electric, que é a única empresa que permaneceu nesse índice desde a sua publicação. Pesquise o que aconteceu com as demais empresas que faziam parte do índice original.

3. Selecione uma empresa que compõe atualmente o índice DJIA (menos a GE) e ressalte pontos de sua boa Governança.

4. Busque um código de ética de uma empresa renomada, do ponto de vista de integridade (menos a GE), e ressalte os elementos que efetivamente guiam o comportamento organizacional no caminho da boa Governança.

"As companhias prestam muita atenção ao custo de fazer alguma coisa. Deviam preocupar-se mais com os custos de não fazer nada."

Philip Kotler, escritor

05

IMPACTOS DA GOVERNANÇA CORPORATIVA

5.1 No comportamento organizacional

Um sistema efetivo de Governança fixa mecanismos, estruturas e incentivos que compõem o sistema de controle de gestão e busca direcionar o comportamento organizacional no sentido de cumprir com os objetivos legítimos estipulados pelos acionistas, assegurando que não haverá fraude, negligência ou atos que possam pôr em risco a empresa, ainda que por simples incompetência.

A essa convergência de intenções entre a companhia e os indivíduos chamamos de congruência de objetivos, onde vários fatores induzem as pessoas a perseguir, em conformidade com seus próprios interesses, os interesses da organização.

Em Robert N. Anthony e Vijay Govindarajan (2002) encontramos que há basicamente quatro grupos de fatores que podem ser responsáveis por influenciar o comportamento humano, conforme demonstrado na Figura 36.

Figura 36 – Fatores que influenciam o comportamento humano

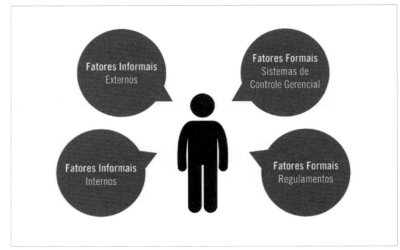

Fonte: Anthony; Govindarajan (2002), com adaptação dos autores.

Os fatores informais são os associados à cultura, sendo os internos os inerentes à organização, e os externos referem-se a uma determinada nação.

Por exemplo, há empresas que valorizam o foco e o atingimento em resultados e nada se preocupam com a que horas os funcionários chegam, quanto tempo demoram no almoço ou a que horas saem. Contudo, há empresas que estão bastante conectadas ao fator "tempo dispendido na empresa" como forma de avaliar seus empregados.

Nessa segunda hipótese, a cultura empresarial pode influenciar seus colaboradores a passarem mais tempo fisicamente na empresa, ainda que efetivamente não estejam agregando nenhum valor à operação (ao contrário, podem estar apenas gerando horas extras que serão pagas pelos cofres da organização), fazendo isso apenas para serem vistos como funcionários "motivados" e, por isso, merecedores de uma melhor avaliação anual.

Os fatores de influência informal externa estão conectados à cultura de uma nação e precisam ser observados quando da implementação da Governança, pois uma pessoa na China, por exemplo, pode ter um entendimento diferente do que é fraude, comparado a alguém na América do Norte, conforme evidenciado no estudo da KPMG (2013), onde é relatado que a prática de oferecer "presentes" pode ser bastante comum em relacionamentos comerciais na China, enquanto em outros países pode ser um fator considerado como prática corruptiva.

No tocante aos fatores de influência formal, temos os Sistemas de Controle Gerencial, como vimos anteriormente no Capítulo 2, seção 2.2, tais como reconciliações de contas contábeis, segregação de funções e a análise periódica do balanço patrimonial (*Balance Sheet Review*), assim como os Regulamentos, que podem ser os códigos e políticas da companhia (como exemplificado no Código de Ética da GE) e as próprias leis de um país.

Dessa forma, a Lei Sarbanes-Oxley surgiu como uma resposta às fraudes e manipulações contábeis de 2001 e busca justamente ser um instrumento que visa trazer congruência de objetivos entre empresa e indivíduos, através do vetor de motivação comportamental da regulamentação.

A SOX, dessa forma, através de seus 11 capítulos, tornou-se um fator formal de influência no comportamento organizacional através de seus requerimentos em termos de certificação (que demandam da administração que realmente haja rigor nos controles internos e nas informações prestadas ao público interessado, do contrário poderão ser responsabilizados criminalmente), criação de mecanismos de fiscalização e monitoramento (incluindo as atividades de auditoria e de analistas de mercado), bem como estabelecimento de multas pecuniárias e possibilidade de prisão de infratores.

5.2 Na percepção de valor por acionistas e demais partes interessadas

As partes interessadas em uma determinada companhia, sejam estas investidores, analistas, governo, fornecedores, credores, empregados ou a própria sociedade, de uma forma geral, têm o interesse de compreender sua situação econômico-financeira por propósitos distintos.

Um empregado busca entender, por exemplo, se a *performance* da companhia irá lhe garantir um bônus de fim de ano ou até mesmo se haverá a manutenção do seu posto de trabalho.

O governo estará interessado em saber se a empresa cumpre suas obrigações em distintas frentes, tais como no tratamento adequado dos funcionários, assim como do ponto de vista do recolhimento de impostos.

Fornecedores e credores são os dois lados da mesma moeda e estão interessados em saber se as condições financeiras da companhia lhes permitirá continuar fornecendo crédito, vendendo e comprando.

A sociedade está interessada, dentre outros fatores, nas oportunidades que uma companhia pode criar, tais como a geração de empregos e investimentos em programas de desenvolvimento para a comunidade na qual a empresa está inserida.

Os analistas de mercado buscam informações a respeito de uma empresa para poder, de forma embasada, emitir opiniões e recomendações que servirão ao público investidor.

Por fim, os investidores estão interessados no retorno do capital aportado, seja este regresso em forma de ganho de capital (pela venda da ação a um valor acima do que foi adquirido) ou através de dividendos.

Dessa forma, a Governança Corporativa nasceu dada a necessidade de se garantir maior segurança a esses entes, evitando fraudes e manipulações contábeis que foram responsáveis pelas crises mencionadas anteriormente, e alavancar o mercado de capitais, reduzindo a volatilidade das ações e minimizando o custo de captação dessas empresas, o que culminaria no aumento do retorno sobre o patrimônio líquido das empresas, evidenciando-se, assim, uma espiral virtuosa.

O inverso, no entanto, é uma verdade onde, de acordo com palestra da BM&F (Bolsa de Mercadorias e Futuros), em 2014, o preço justo a ser pago pelas ações de uma companhia sofre desconto por questões como falta de transparência e desequilíbrio (dois pilares da boa Governança Corporativa, segundo o IBGC).

Figura 37 – Precificação de ações

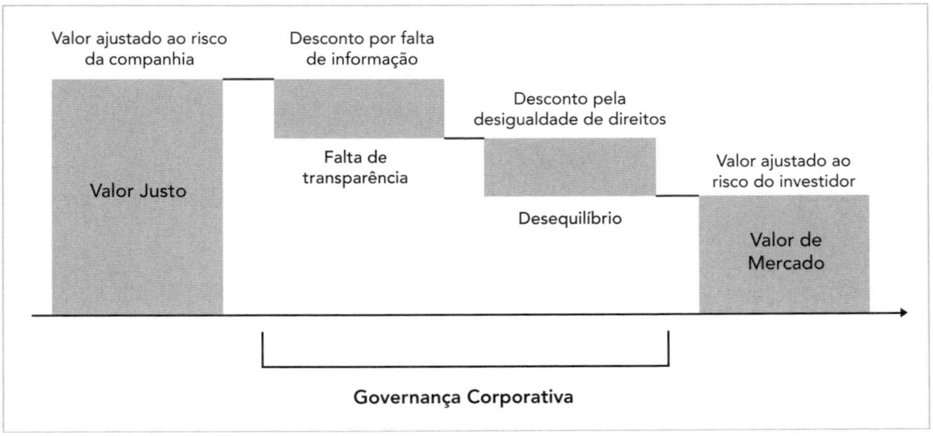

Fonte: Palestra da BM&F (2014), no IBGC.

O IBGC e a Booz & Company realizaram um estudo, ao longo de 2009, onde o principal objetivo foi o de levantar o panorama atual da Governança Corporativa no Brasil nas suas principais dimensões, buscando identificar as principais oportunidades de melhoria a serem endereçadas.

Foram ouvidas, através de questionários, 85 empresas de controle brasileiro e faturamento superior a R$ 200 milhões através de 117 participantes entre Presidentes do Conselho de Administração, Conselheiros de Administração, Conselheiros Fiscais, Diretores Presidentes e Diretores de Relação com Investidores, sendo realizadas também mais de 20 entrevistas presenciais com respondentes de empresas selecionadas para a discussão em maior profundidade dos principais resultados obtidos com a pesquisa via questionário.

Nessa pesquisa, evidenciou-se que os principais benefícios percebidos com a Governança Corporativa estão associados a transparência, gestão e imagem da empresa, conforme demonstrado na Figura 38.

Figura 38 – Principais benefícios percebidos da Governança

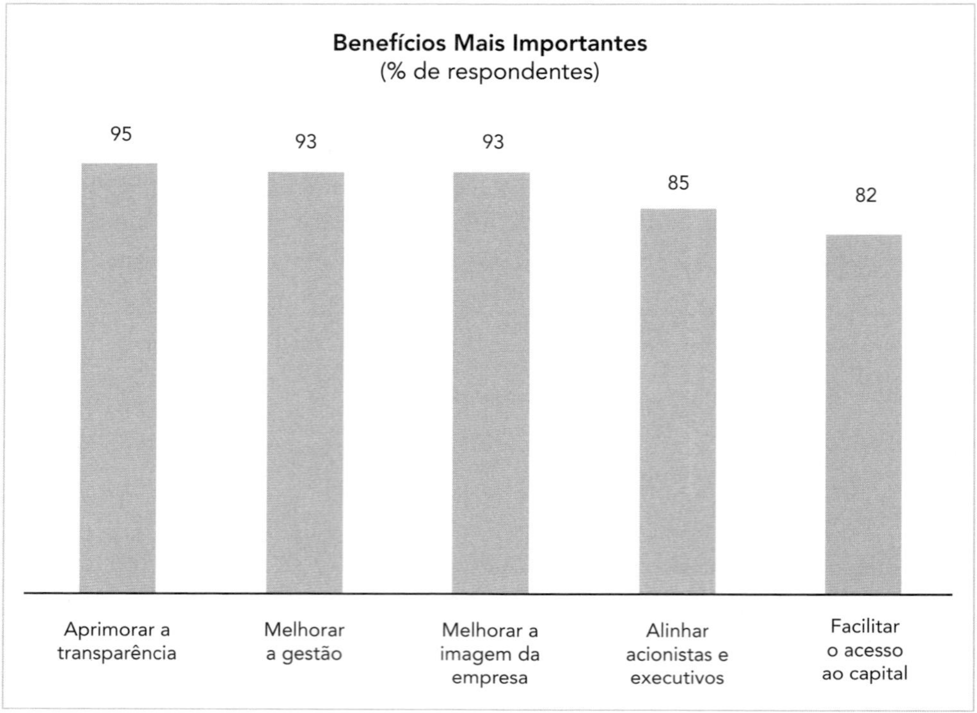

Benefícios Mais Importantes
(% de respondentes)

Aprimorar a transparência	Melhorar a gestão	Melhorar a imagem da empresa	Alinhar acionistas e executivos	Facilitar o acesso ao capital
95	93	93	85	82

Fonte: IBGC e Booz & Company (2009).

Algumas notas importantes, apontadas pelos entrevistados, reportam à crença de que a Governança é o instrumento pelo qual se mostra ao mercado onde a empresa está e para onde ela está indo, fornecendo maior segurança e transparência, proporcionando, ainda, oportunidades de discussão em colegiado, entre CEO e Conselho de Administração, sobre questões relevantes para o futuro da companhia.

Tal resultado vai de encontro à pesquisa feita pela SEC, na comemoração dos 10 anos de promulgação da Lei Sarbanes-Oxley, em 2012, cujo objetivo maior é o de amplificar os níveis de Governança Corporativa.

Um comitê questionou 2.907 companhias americanas, através de 3.138 representantes, no sentido de compreender se a SOX 404 havia trazido mais benefícios do que custos financeiros e burocráticos.

Constatou-se que 88% dos respondentes informaram que houve melhoria de controles internos (apesar de 51% terem afirmado que também houve aumento nos gastos) e, por conseguinte, elevação nos parâmetros de Governança das companhias, assim como 7% afirmaram que os custos de implementação da SOX 404 superaram os benefícios auferidos.

Vários estudos buscaram traçar uma correlação entre a crença de que quanto mais elevados fossem os níveis de Governança, maior seria o retorno ao investidor, até que em 2000 a McKinsey & Company, uma empresa global de consultoria de gestão, publicou os resultados de uma pesquisa que almejava compreender quanto os investidores percebem e valoram a Governança Corporativa nos mercados desenvolvidos e emergentes, compreendendo Ásia, Europa, Estados Unidos e América Latina, envolvendo um total de 200 investidores institucionais (tais como bancos, fundos de investimento, seguradoras, fundos de pensão etc.) detentores de ativos na ordem de US$ 3,25 trilhões.

Os resultados foram bastante interessantes, dado que 75% dos investidores consideram que um Conselho bem estruturado é tão importante quanto as demonstrações financeiras da companhia quando avaliam em que empresas irão investir.

Mais de 80% dos entrevistados afirmaram que pagariam mais por ações de uma empresa com uma boa Governança Corporativa (definida como aquela que tem a maioria dos Conselheiros independentes, ou seja, sem vínculos com a administração, se compromete com avaliações formais dos gestores, e é transparente no tocante ao fornecimento de informações sobre a companhia aos investidores) do que de uma empresa com baixos níveis de Governança, dadas as demonstrações financeiras similares.

Na verdade, o tamanho do prêmio que os investidores institucionais dizem que estão dispostos a pagar por uma boa Governança reflete a extensão em que eles acreditam que há espaço para melhoria na qualidade dos relatórios financeiros.

Logo, conforme demonstrado na Figura 39, vamos observar, por exemplo, que o prêmio que os investidores estão dispostos a pagar na Venezuela por uma boa Governança é 28% maior do que em uma empresa americana (18%).

Figura 39 – Disposição dos investidores a pagar por boa Governança – prêmio em %

Fonte: McKinsey & Company (2000).

Isso deriva do fato de que no país latino há uma percepção de maior oportunidade de melhoria na qualidade das informações levadas ao conhecimento das partes interessadas e essa racionalização de pagamento de maior prêmio se estende aos países estudados da América Latina e Ásia.

Na Inglaterra e nos Estados Unidos, por exemplo, onde as normas de contabilidade são mais rigorosas, os investidores sugerem na pesquisa que pagariam prêmio menor por uma empresa bem gerida em termos de Governança, dado que esse quesito é percebido como uma regra já existente e não uma exceção.

Independentemente do fator prêmio que os investidores estão dispostos a desembolsar, o fato mais relevante da pesquisa é o de que os investidores reportam levar em consideração o quesito Governança nas decisões de investimento.

Essa informação é, por si só, poderosa no sentido de orientar as companhias nessa direção, dado que a captura de parte desse prêmio disponível no mercado pode se converter em uma vantagem competitiva e maior retorno para o acionista.

Altos padrões de Governança Corporativa são, dessa forma, ferramentas para atração e retenção de fontes de investimento que irão colaborar com o desenvolvimento e crescimento de uma organização, e a falta de observância a esse tema pode se converter em fracasso empresarial, segundo a McKinsey.

O Instituto Ethisphere é líder global na definição e promoção dos padrões éticos de práticas comerciais que alimentam os valores corporativos, a confiança do mercado e o sucesso do negócio, e anualmente, desde 2007, publica uma lista com as empresas eleitas por serem as mais éticas do mundo.

Em 2011, a Ethisphere elaborou um estudo referente ao período de 2007 a 2011 correlacionando o retorno sobre o investimento das empresas mais éticas do mundo *versus* o índice S&P 500 (publicado pela empresa Standard & Poors, dedicada principalmente à consultoria financeira), do qual fazem parte os 500 ativos (ações) mais relevantes do mercado americano em termos de volume e liquidez.

Verificou-se através dessa análise que investir em ética, ponto inerente à boa Governança, é benéfico para qualquer empresa, mesmo em uma recessão, conforme demonstrado na Figura 40.

Figura 40 – Comparação do ROI das empresas mais éticas do mundo *versus* S&P 500

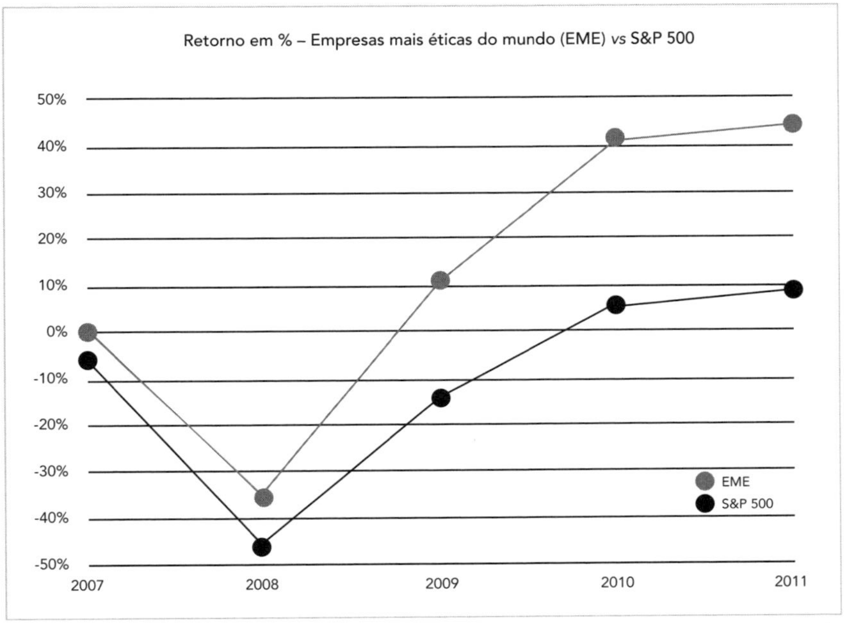

Fonte: Ethisphere Institute (2011).

Curiosamente, a General Electric, empresa fundada há mais de 120 anos, e uma das mais respeitadas do mundo por seus altos padrões de integridade, consta na lista das empresas mais éticas do mundo, desde a publicação inicial do índice do Ethisphere Institute, em 2007, e sempre se destacou na liderança dos princípios de Governança, sendo eles a transparência, equidade, prestação de contas e responsabilidade corporativa, muito antes da publicação da Lei Sarbanes-Oxley, provando que uma organização de sucesso de seu porte não é consequência do acaso, mas fruto do atendimento às expectativas de mercado em termos de resultados e altos padrões de Governança, elementos que converteram a GE em uma das organizações mais admiradas e estudadas mundialmente, de relevância e sucesso inegáveis e atemporais.

Atividades

1. Com base na empresa na qual você trabalha atualmente ou trabalhou, e sem revelar qualquer dado confidencial, comente 3 mecanismos de controle gerencial adotados.

2. Com base nos 4 fatores capazes de influenciar o comportamento humano (Informais Interno e Externo e Formais, sendo estes os Sistemas de Controle Gerencial e Regulamentos), elabore um demonstrativo correlacionando a empresa que você trabalha, ou trabalhou, no tocante a esses fatores e à Governança Corporativa.

3. Ilustre como fatores informais externos podem influenciar o comportamento organizacional de uma forma negativa e que impactos isso pode ocasionar ao mercado, de uma forma geral.

4. De acordo com a Transparency International (2013), a Venezuela é um dos países percebidos com o mais alto grau de leniência com a corrupção. Quais são as causas desse fato para as empresas e para a sociedade?

CONSIDERAÇÕES FINAIS

Nesta obra, estudamos no **primeiro capítulo** sobre fraude e Governança Corporativa.

Vimos que a fraude, assim como a omissão, se origina em falsificações, atividades ilegais e distorções de informações, não sendo um mal moderno, onde o primeiro caso corporativo, de acordo com Kari Nars (2009), data de 1711, no qual a empresa South Sea Company captou milhões de dólares com vendas de ações, prometendo altos dividendos, mas sem qualquer respaldo que sustentasse suas operações, vindo a falir posteriormente, levando vários investidores à miséria.

Conhecemos também Carlos Ponzi, idealizador de uma iniciativa, a princípio legítima, de arbitragem financeira, mas que se converteu no primeiro caso de fraude em esquema de pirâmide financeira, atraindo milhões de dólares e lesando crédulos investidores.

Passamos brevemente pelos casos de fraude mais recentes da WorldCom e Enron e, por tabela, da Arthur Andersen.

Estudamos o que significa Governança Corporativa, analisamos o problema de agência e os princípios básicos da Governança, bem como sua relevância para o mercado de capitais.

Finalizamos estudando o perfil do fraudador, com base em um estudo rico e interessante publicado em 2013 pela KPMG, e tratamos do tema "corrupção" com a análise feita pela Transparency International demonstrando a percepção de leniência dos governos quanto a esse tópico.

O **segundo capítulo** se concentrou nos fundamentos e no papel da Controladoria Estratégica, estudando os primórdios dessa disciplina e passando pelo seu aparecimento no Brasil devido ao processo de industrialização nos anos 1960.

Comparamos as funções da Controladoria, de acordo com trabalhos empíricos realizados nos EUA, Alemanha e Brasil, e analisamos as três esferas nas quais um profissional de Controladoria pode atuar, sendo elas a Gestão Estratégica, a Gestão Tática e a Gestão Operacional, assim como as habilidades específicas demandadas de um *Controller*, sendo elas: técnicas, interpessoais e decisórias.

Falamos sobre controles internos apresentando a definição do COSO (*Committee of Sponsoring Organizations of the Treadway Commission*) como sendo um conjunto de políticas e procedimentos que são desenvolvidos e operacionalizados pela empresa, no sentido de impulsionar o sucesso da organização em três categorias: eficácia e eficiência das operações, confiabilidade dos relatórios e informações prestadas pela empresa e o cumprimento das leis e regulamentos vigentes (*compliance*). Estudamos a formação, composição e missão do COSO, assim como sua proposição de estruturas de controles internos, o *Internal Control – Integrated Framework* (Controles Internos – Um Modelo Integrado), publicado em 1992, culminando no modelo mais difundido globalmente e amplamente aceito.

Para ilustrar, utilizamos exemplos de casos práticos, incluindo o recente episódio brasileiro vivenciado pela OGX.

No **terceiro capítulo**, estudamos a criação da Bolsa de Valores americana em 1792, sua relevância e algumas crises pelas quais passou desde sua fundação.

Abordamos também a criação do índice Dow Jones em 1896 e as modificações a que este incorreu desde então, até os dias atuais, onde é representado por 30 empresas conhecidas como as **ações blue chips americanas**.

Chegamos em 2001, onde a Bolsa de Valores americana entrou em colapso com o escândalo da Enron, um caso de fraude e manipulações contábeis sem precedentes, e nos aprofundamos em sua ascensão, nas "engenharias contábeis" que foram praticadas e na queda dessa ex-gigante da indústria de energia e 7ª maior empresa americana em termos de faturamento, segundo a revista *Forbes*.

Vimos que os escândalos contábeis de 2001 trouxeram consigo a demanda de uma resposta vigorosa na busca de tranquilizar os investidores e recuperar a credibilidade perante o mercado, e esta veio em forma de Lei: a Sarbanes-Oxley.

Essa lei, publicada em julho de 2002, possui 11 Capítulos e 69 Seções, e estabelece pilares fundamentais de uma boa Governança Corporativa, tais como as responsabilidades dos administradores, auditores e analistas de mercado, assim como delibera sobre punições e cria mecanismos de fiscalização.

O **capítulo quatro** é dedicado ao estudo de um padrão de Governança Corporativa e utilizamos a empresa General Electric como modelo, dados fatores relevantes, tais como:

- ser uma empresa com mais de 120 anos de mercado;
- ter contribuído de forma contundente com pesquisa e desenvolvimento de produtos que beneficiaram o avanço humano em distintos campos, tais como em geração de energia, purificação da água, aviação, equipamentos de diagnóstico médico, soluções para a perfuração e produção de petróleo, eletrodomésticos, iluminação e transporte;
- o reconhecimento público quanto a seus altos padrões éticos e de Governança Corporativa, sendo considerada uma das empresas mais admiradas e estudadas no mundo.

No **quinto capítulo**, estudamos os impactos da Governança Corporativa no comportamento organizacional e na percepção de valor por acionistas e demais partes interessadas.

Vimos que há quatro fatores, segundo Robert N. Anthony e Vijay Govindarajan (2002), capazes de influenciar o comportamento humano, estando a implementação da Lei Sarbanes-Oxley intimamente associada aos fatores regulamentares, buscando conduzir os administradores e auditores de uma companhia aberta a agirem de forma congruente com os objetivos dos investidores e sempre preservando os princípios de integridade no gerenciamento empresarial.

Quanto à percepção dos acionistas, vimos, através de estudo propiciado pela BM&F (2014), que o valor justo do preço das ações de uma companhia pode ser corroído por fatores como a falta de informação e percepção de desigualdade de direitos, elementos que denotam maior risco e, dessa forma, afugentam possibilidades de captação financeira.

Outro fato interessante foi a contribuição trazida por estudo do IBGC e Booz Company (2009), onde foram evidenciados, por parte de um grupo de 85 empresas brasileiras, os benefícios trazidos com uma boa Governança Corporativa, sendo eles o aprimoramento da transparência, a melhoria da gestão e da imagem da empresa, o alinhamento de objetivos de acionistas e executivos e o aumento na facilidade de acesso ao capital.

Em estudo realizado pela SEC, em 2012, na comemoração dos 10 anos de promulgação da Lei Sarbanes-Oxley, constatou-se que 88% dos respondentes, de um grupo de 2.907 companhias americanas, afirmaram que após sua implementação observou-se melhoria nos Controles Internos, fatores que contribuem para a alavancagem da Governança.

Estudamos ainda um relatório elaborado pela McKinsey & Company (2000) onde pudemos constatar que 80% dos 200 investidores institucionais pesquisados (tais como bancos, fundos de investimento, seguradoras, fundos de pensão etc.) afirmaram que pagariam mais por ações de uma empresa com uma boa Governança Corporativa do que uma empresa com baixos níveis, dadas as demonstrações financeiras similares.

Por fim, vimos que o Instituto Ethisphere, líder global na definição e promoção de padrões éticos de práticas comerciais que alimentam os valores corporativos, a confiança do mercado e o sucesso do negócio, publicou em 2011 estudo comparativo, referente ao período de 2007 a 2011, entre o retorno sobre o investimento das empresas mais éticas do mundo, incluindo a General Electric, que está presente no índice desde a sua publicação em 2007, *versus* o índice S&P 500 (Standard & Poors), e constatou que as empresas mais éticas possuem maiores retornos que o índice S&P 500.

Os estudos elaborados respondem bem à pergunta da pesquisa dos autores, oferecendo uma visão pragmática de que a SOX trouxe mudanças comportamentais que estimularam o desenvolvimento de uma Controladoria Estratégica nas organizações, atingindo o âmago cultural e enfatizando a percepção, por parte do mercado, de que uma boa Governança Corporativa se traduz em segurança nos seus investimentos, fator que colabora no aumento de competitividade e na captação de capital por parte das empresas, elementos fundamentais na geração de valor.

REFERÊNCIAS

Anuários

Corruption perceptions index. Transparency International, 2013. Disponível em: <http://cpi.transparency.org/cpi2013/results/>. Acesso em: 17 de agosto de 2014.

Ethisphere Institute. The 2011 world's most ethical companies. Disponível em: <http://m1.ethisphere.com/wme2013/index.html>. Acesso em: 18 de junho de 2014.

Ethisphere Institute. The 2014 world's most ethical companies. Disponível em: <http://ethisphere.com/wp-content/uploads/2014/04/q1-2014-magazine-wme1.pdf>. Acesso em: 18 de junho de 2014.

Fortune 500 – List of America's largest corporations. Forbes, 2001. Disponível em: <http://archive.fortune.com/magazines/fortune/fortune500_archive/full/2001/>. Acesso em: 16 de agosto de 2014.

Global profiles of the fraudster. KPMG, 2013. Disponível em: <http://www.kpmg.com/Global/en/IssuesAndInsights/ArticlesPublications/global-profiles-of-the-fraudster/Documents/global-profiles-of-the-fraudster-v1.pdf>. Acesso em: 16 de junho de 2014.

The world's biggest public companies (2014). Forbes, 2000. Disponível em: <http://www.forbes.com/global2000/list/>. Acesso em: 14 de outubro de 2014.

Artigos e Teses

ADIZES, Ichak. Dividir para governar. *HSM Management*, São Paulo, nº 38, p. 24-38, 2003.

ALMEIDA, José E. F. de. Qualidade da informação contábil em ambientes competitivos. Teses USP, São Paulo, 2010. Disponível em: <http://www.teses.usp.br/teses/disponiveis/12/12136/tde-29112010-182706/en.php>. Acesso em: 15 de julho de 2014.

ALMEIDA, Luiz Claudio S. S. de; DUARTE JÚNIOR, Antonio M. Desafios e soluções da Petrobras em seu projeto de atendimento à Lei Sarbanes-Oxley. *Revista Eletrônica do Mestrado Profissional em Administração da Universidade Potiguar* (RAUnP), Natal, v. 3, nº 1, p. 27-40, 2010.

CAIXE, Daniel Ferreira; KRAUTER, Elizabeth. Relação entre governança corporativa e valor de mercado: mitigando problemas de endogeneidade. *Brazilian Business Review* (FUCAPE), Vitória, v. 11, nº 1, Art. 5, p. 96-117, 2014.

CORREIA, Laise F.; AMARAL, Hudson F.; LOUVET, Pascal. Um índice de avaliação da qualidade da governança corporativa no Brasil. *Revista Contabilidade e Finanças* (FEA/USP), São Paulo, v. 22, nº 55, p. 45-63, 2011.

FLECK, Denise L. Crescimento, dominância continuada e declínio da empresa: insights das histórias da General Electric e da Westinghouse. *Revista de Administração Contemporânea*, Rio de Janeiro, Edição Especial, p. 79-106, 2004.

_____. Lei Sarbanes-Oxley: guia para melhorar a Governança Corporativa através de eficazes controles internos. *Deloitte*, 2003. Disponível em: <http://www.deloitte.com/assets/Dcom-Brazil/Local%20Assets/Documents/guia_sarbanes_oxley(1).pdf>. Acesso em: 18 de junho de 2014.

LUNKES, Rogério J. et al. Considerações sobre as funções de controladoria nos Estados Unidos, Alemanha e Brasil. *Revista Universo Contábil* (FURB), São Paulo, v. 5, nº 4, p. 63-75, 2009.

_____; GASPARETTO, Valdirene; SCHNORRENBERGER, Darci. Um estudo sobre as funções da Controladoria. *Revista de Contabilidade e Organizações* (RCO FEA-RP/USP), São Paulo, v. 4, nº 10, p. 106-126, 2010.

_____; SCHNORRENBERGER, Darci; DA ROSA, Fabricia S. Funções da controladoria: uma análise no cenário brasileiro. *Revista Brasileira de Gestão de Negócios* (FECAP), São Paulo, v. 15, nº 47, p. 283-299, 2013.

MANTOVANI, Flavio R. Desenho e uso de sistemas de controle gerencial focados nos clientes: um estudo em empresas brasileiras sob a perspectiva da teoria da contingência. Teses USP, São Paulo, 2012. Disponível em: <http://www.teses.usp.br/teses/disponiveis/12/12136/tde-26062012-153954/en.php>. Acesso em: 18 de agosto de 2014.

MARTIN, Nilton C.; DOS SANTOS, Lílian Regina; DIAS FILHO, José Maria. Governança empresarial, riscos e controles internos: a emergência de um novo modelo de controladoria. *Revista Contabilidade & Finanças* (USP), São Paulo, nº 34, p. 7-22, 2004.

MAZZUCCHELLI, Frederico. A crise em perspectiva: 1929 e 2008. *Revista Novos Estudos* (CEBRAP), São Paulo, nº 82, p. 57-66, 2008.

MENDONÇA, Mark M. de et al. O impacto da Lei Sarbanes-Oxley (SOX) na qualidade do lucro das empresas brasileiras que emitiram ADRs. *Revista Contabilidade & Finanças* (USP), São Paulo, v. 21, nº 52, 2010.

ORO, Ieda M.; BEUREN, Ilse M.; CARPES, Antonio M. da S. Competências e habilidades exigidas do Controller e a proposição para sua formação acadêmica. *Revista Contabilidade Vista & Revista* (UFMG), Belo Horizonte, v. 24, nº 1, p. 15-36, 2013.

IBGC e Booz & Company. Panorama de Governança Corporativa para o Brasil. 2009. Disponível em: <http://www.ibgc.org.br/userfiles/GC-Panorama2009.pdf>. Acesso em: 25 de outubro de 2014.

PAULO, Wanderlei L. de et al. Riscos e controles internos: uma metodologia de mensuração dos níveis de controles internos empresariais. *Revista Contabilidade & Finanças* (USP), São Paulo, nº 43, p. 49-60, 2007.

ROSSONI, Luciano; DA SILVA, Clovis M. Legitimidade, governança corporativa e desempenho: análise das empresas da BM&FBOVESPA. *Revista de Administração de Empresas* (FGV), São Paulo, v. 53, nº 3, p. 272-289, 2013.

SANTOS, Luciana de A. A.; LEMES, Sirlei. Desafios das empresas brasileiras na implantação da Lei Sarbanes-Oxley. BASE – *Revista de Administração e Contabilidade* da UNISINOS, São Leopoldo, v. 4, nº 1, p. 37-46, 2007.

SARBANES-OXLEY – a decade later – FEI, 2012. Disponível em: <http://www.financialexecutives.org/KenticoCMS/Financial-Executive-Magazine/2012_07/Sarbanes--Oxley--A-Decade-Later.aspx#axzz3HCNsHUpN> Acesso em: 9 de outubro de 2014.

SILVA, Ricardo L. M. da et al. Fatores condicionantes da liquidez das ações: efeitos dos níveis de governança, ADR e crise econômica. *Brazilian Business Review* (FUCAPE), Vitória, v. 11, nº 1, Art. 1, p. 1-25, 2014.

SIQUEIRA, José R. M. de; SOLTELINHO, Wagner. O profissional de controladoria no mercado brasileiro: do surgimento da profissão aos dias atuais. *Revista Contabilidade & Finanças* (FIPECAFI – FEA-USP), São Paulo, v. 16, nº 27, p. 66-77, 2001.

SZUSTER, Natan et al. O fim do off-balance sheet em project finance: um estudo dos aspectos contábeis da consolidação de sociedades de propósito específico. *Revista Universo Contábil*, Blumenau, v. 4, nº 1, p. 6-24, 2008.

THE MCKINSEY QUARTERLY. Qualified Advice Partners. Three surveys on corporate governance. 2000. Number 4. Disponível em: <http://www.qualified-audit-partners.be/user_files/ITforBoards/GVCR_McKinsey-Coombes_Paul__Watson_Mark_Three_surveys_on_corporate_governance_2000.pdf>. Acesso em: 25 de outubro de 2014.

Jornais e Revistas [on-line]

GRADILONE, Claudio. Os artistas da fraude: da bolha dos mares do sul a Bernard Madoff, a história dos últimos 300 séculos do dinheiro mostra que nenhuma vigarice é realmente inédita. Revista *Isto É Dinheiro*, 22 de agosto de 2012. Disponível em: <http://www.istoedinheiro.com.br/noticias/investidores/20120822/artistas-fraude/1114.shtml> Acesso em: 19 de junho de 2014.

_____. Ken Lay e Jeffrey Skilling são condenados pelo escândalo da Enron. O Globo.com, 25 de maio de 2006. Disponível em: <http://oglobo.globo.com/economia/ken-lay-jeffrey-skilling-sao-condenados-pelo-escandalo-da-enron-4581434> Acesso em: 9 de outubro de 2014.

LANDIM, Raquel; AGOSTINI, Renata. OGX de Eike previu 1,5 bi de barris para campo que nunca produziu. *Folha de S.Paulo*, São Paulo, 5 de novembro de 2013. Disponível

em: <http://www1.folha.uol.com.br/fsp/mercado/137436-ogx-de-eike-previu-15-
-bi-de-barris-para-campo-que-nunca-produziu.shtml>. Acesso em: 13 de setembro
de 2014.

MASSARO, André. Ranking das bolsas mundiais – set. 2012. *Revista Exame eletrônica*,
25 de outubro de 2012. Disponível em: <http://exame.abril.com.br/rede-de-blogs/
voce-e-o-dinheiro/2012/10/25/ranking-das-bolsas-mundiais-setembro-de-2012/>
Acesso em: 7 de outubro de 2014.

_____. MPF pede bloqueio de R$ 1,5 bi de bens de Eike. *Valor Econômico*, 13
de setembro de 2014. Disponível em: <http://www.valor.com.br/politica/3693938/
mpf-pede-bloqueio-de-r-15-bilhao-de-bens-de-eike>. Acesso em: 13 de setembro de
2014.

NEDER, Vinicius. Minoritários da OGX processam Eike, Bolsa e CVM. *Estadão*, 9
de outubro de 2013. Disponível em: <http://economia.estadao.com.br/noticias/
geral,minoritarios-da-ogx-processam-eike-bolsa-e-cvm-imp-,1083668>. Acesso em:
13 de setembro de 2014.

NOGUEIRA Danielle; BATISTA, Henrique G. Ascensão e queda da OGX. *O Globo.
com*. Disponível em: <http://oglobo.globo.com/infograficos/cronologia-ogx/>. Acesso em: 13 de setembro de 2014.

_____. OGX, de Eike Batista, cai mais de 25% e derruba BOVESPA nesta quarta.
O Globo.com, 27 de junho de 2012. Disponível em: <http://g1.globo.com/economia/
mercados/noticia/2012/06/ogx-de-eike-batista-cai-perto-de-25-e-derruba-bovespa-
-nesta-quarta.html> Acesso em: 13 de setembro de 2014.

_____. OGX faz o maior IPO da história da Bolsa Brasileira. *Revista Exame eletrônica*, 13 de junho de 2008. Disponível em: <http://exame.abril.com.br/mercados/noticias/ogx-faz-o-maior-ipo-da-historia-da-bolsa-brasileira-m0161973>. Acesso em:
13 de setembro de 2014.

OPPEL, Richard A. Employees' retirement plan is a victim as Enron tumbles. The
New Iorque Times, 22 de novembro de 2001. Disponível em: <http://www.nytimes.
com/2001/11/22/business/employees-retirement-plan-is-a-victim-as-enron-tumbles.html>. Acesso em: 9 de outubro de 2014.

SANDRINI, João. As 10 trapaças para inflar o preço das ações. *Revista Exame Digital*,
14 de setembro de 2011. Disponível em: <http://exame.abril.com.br/seu-dinheiro/
noticias/10-trapacas-para-inflar-o-preco-de-acoes> Acesso em: 9 de outubro de 2014.

Livros

ALMEIDA, Marcelo Cavalcanti. *Auditoria* – um curso moderno e completo. 8. ed. São
Paulo: Atlas, 2012.

ANTHONY, Robert N.; GOVINDARAJAN, Vijay. *Sistemas de controle gerencial*. São Paulo: Atlas, 2002.

BORGERTH, Vania Maria da Costa. *SOX* – Entendendo a Lei Sarbanes-Oxley. São
Paulo: Cengage, 2007.

COURA, Betovem; PAVAN, Alexandre. *Controladoria*. Rio de Janeiro: Editora FGV Online, 2014.

FREZATTI, Fabio et al. *Controle Gerencial*: uma abordagem da contabilidade gerencial no contexto econômico, comportamental e sociológico. São Paulo: Atlas, 2009.

GIRAU, F. et al. *Fundamental of management control*. Person Education France. Ebook. Disponível em: <http://www.pearson.fr/livre/?GCOI=27440100959280> Acesso em: 10 de junho de 2014.

MERCHANT, Kenneth A.; VEN DER STEDE, Wim A. *Management control systems*. 2. ed. Essex, 2007.

NARS, Kari. Golpes bilionários: como os maiores golpistas da história enganaram tanta gente por tanto tempo. São Paulo: Gutenberg, 2009.

OLIVEIRA, Luís M. de; PEREZ JR., José H.; SILVA, Carlos Alberto dos S. *Controladoria estratégica*. São Paulo: Atlas, 2002.

PADOVEZZE, Clóvis Luís. *Controladoria estratégica e operacional*: conceitos, estrutura, aplicação. São Paulo: Pioneira Thomson Learning, 2003.

ROSSETTI, José P. *Finanças corporativas*. Rio de Janeiro: Elsevier, 2008.

SOUZA, Bruno C.; BORINELLI, Márcio L. *Controladoria*. Curitiba: IESDE, 2009.

Sites

BBC Brasil. Linha do tempo: a história da Enron. 2002. Disponível em: <http://www.bbc.co.uk/portuguese/economia/020128_esp_eronti.shtml>. Acesso em: 9 de outubro de 2014.

BLOOMBERG. Stock quotes. Disponível em: <http://www.bloomberg.com/quote/OGXP3:BZ/chart>. Acesso em: 13 de setembro de 2014.

COSO. Gerenciamento de Riscos Corporativos – Estrutura Integrada, 2007. Disponível em: <http://www.coso.org/documents/COSO_ERM_ExecutiveSummary_Portuguese.pdf>. Acesso em: 16 de setembro de 2014.

_____. Internal Control – Integrated framework – executive summary, 1992. Disponível em: < http://www.coso.org/documents/Internal%20Control-Integrated%20Framework.pdf>. Acesso em: 20 de setembro de 2014.

_____. Organizações integrantes e histórico. Disponível em: <http://www.coso.org/>. Acesso em: 16 de setembro de 2014.

DOW JONES AVERAGES. História, composição e média do comportamento das ações. Disponível em: <https://www.djaverages.com/?go=industrial-index-data&report=performance>. Acesso em: 7 de outubro de 2014.

FASB – Financial Accounting Standards Board. FASB Interpretation nº 46. Consolidation of Variable Interest Entities, an interpretation of ARB nº 51 (2003). Disponível em: <http://www.fasb.org/jsp/FASB/Document_C/DocumentPage?cid=1175801627792&acceptedDisclaimer=true>. Acesso em: 13 de outubro de 2014.

IBGC. Código de melhores práticas de governança corporativa. 2009. Disponível em: <http://www.ibgc.org.br/userfiles/files/Codigo_Final_4a_Edicao.pdf>. Acesso em: 18 de junho de 2014.

_____. Palestra da BM&F sobre Governança Corporativa no IBGC, setembro de 2014. Disponível em: <http://www.ibgc.org.br/userfiles/files/ELEICAO/2014/Mercado_Patricia_Pellini.pdf>. Acesso em: 16 de setembro de 2014.

GENERAL ELECTRIC COMPANY. Annual Report 2001. 2014. Disponível em: <http://www.ge.com/files/usa/en/company/investor/secreport/pdfs/GE10k.pdf>. Acesso em: 13 de outubro de 2014.

_____. Annual Report 2013 (relatório 10-k). Disponível em: <http://www.ge.com/ar2013/pdf/GE_AR13.pdf>. Acesso em: 18 de junho de 2014.

General Electric. Awards. Disponível em: <http://www.gesustainability.com/recognition/>. Acesso em: 14 de outubro de 2014.

_____. Fact Sheet. Disponível em: <http://www.ge.com/about-us/fact-sheet>. Acesso em: 14 de outubro de 2014.

_____. Financial processes and systems. Disponível em: <http://www.ge.com/en/citizenship/govcomp-jun20/financial.htm>. Acesso em: 18 de outubro de 2014.

_____. Formulário 10-K para o exercício de 2002. Disponível em: <http://api40.10kwizard.com/cgi/convert/pdf/GE-20030307-10K-20021231.pdf?ipage=2051178&xml=1&quest=1&rid=23&section=1&sequence=-1&pdf=1&dn=1>. Acesso em: 13 de outubro de 2014.

_____. Governance Principles. Disponível em: <http://www.ge.com/sites/default/files/GE_governance_principles.pdf>. Acesso em: 15 de outubro de 2014.

_____. Nossa história. Disponível em: <http://www.ge.com/br/>. Acesso em: 14 de outubro de 2014.

_____. The spirit & the letter. Disponível em: <http://www.gesustainability.com/wp-content/uploads/2014/05/870625_PTBR_LR.pdf>. Acesso em: 14 de setembro de 2014.

OGX. Disponível em: <http://www.ogx.com.br/>. Acesso em: 13 de setembro de 2014.

SEC. Afirmação sob juramento, de Jeff Immelt à SEC em 31 de julho de 2002. Disponível em: <http://www.sec.gov/pdf/ceocfo/0039.pdf> Acesso em: 13 de outubro de 2014.

_____. Commission approval of SRO Rule Amendments Addressing Research Analyst Conflicts of Interest. Disponível em: <http://www.sec.gov/news/extra/sroanalysts-facts.htm>. Acesso em: 13 de outubro de 2014.

_____. Form 10-K requirements. Disponível em: <http://www.sec.gov/answers/form10k.htm>. Acesso em: 13 de outubro de 2014.

_____. SEC Charges Merrill Lynch, Four Merrill Lynch executives with aiding and abetting Enron accounting fraud (Mar. 2003). Disponível em: <http://www.sec.gov/news/press/2003-32.htm>. Acesso em: 9 de outubro de 2014.

SEC. Securities Analyst Recommendations. Disponível em: <http://www.sec.gov/answers/analyst.htm>. Acesso em: 13 de outubro de 2014.

THE FBI – Federal Bureau of Investigation. Former Enron chairman and chief executive officer Kenneth L. Lay charged with conspiracy, fraud, and false (Julho 2002). Disponível em: <http://www.fbi.gov/news/pressrel/press-releases/former-enron-chairman-and-chief-executive-officer-kenneth-l.-lay-charged-with-conspiracy-fraud-false-statements>. Acesso em: 9 de outubro de 2014.

_____. Former Enron CEO Jeffrey skilling resentenced to 168 months on fraud and conspiracy charges (Junho 2013). Disponível em: <http://www.fbi.gov/houston/press-releases/2013/former-enron-ceo-jeffrey-skilling-resentenced-to-168-months-on-fraud-and-conspiracy-charges> Acesso em: 9 de outubro de 2014.

_____. Former Enron Chief financial officer Andrew Fastow pleads guilty to conspiracy to commit securities and wire fraud, agrees to cooperate with enron investigation (Jan. 2004). Disponível em: http://www.fbi.gov/news/pressrel/press-releases/former-enron-chief-financial-officer-andrew-fastow-pleads-guilty-to-conspiracy-to-commit-securities-and-wire-fraud>. Acesso em: 9 de outubro de 2014.

_____. Joseph L. Ford speech on Enron case (Setembro 2007). Disponível em: <http://www.fbi.gov/news/speeches/forensic-accounting-and-white-collar-crime> Acesso em: 9 de outubro de 2014.

THE WHITE HOUSE. Presidents. Disponível em: <http://www.whitehouse.gov/about/presidents/franklindroosevelt>. Acesso em: 7 de outubro de 2014.

WORLD BANK. GDP 2012 Current USD Trillions. Disponível em: <http://data.worldbank.org/indicator/NY.GDP.MKTP.CD>. Acesso em: 7 de outubro de 2014.

Formato	17 × 24 cm
Tipografia	IowanOldSt BT 11/15
Papel	Offset Sun Paper 90 g/m² (miolo)
	Supremo 250 g/m² (capa)
Número de páginas	152
Impressão	Intergraf